「いい人」をやめて自分に「ありがとう」を唱えるともっと楽に生きられる

劣等感が
たちまち消える
魔法の言葉

ヒーリングセラピスト
愛場千晶

カバーデザイン◆中村　聡

はじめに

◇同じように「ありがとう」を唱えているのに反応が違うのはなぜ?

突然ですが、私がこれまでに出版した本に出会い、「ありがとう」の言葉の力を実感してくださっている方が全国に増えています。

とくに『自分の名前に「ありがとう」を唱えるとどんどん幸運になる!』と『自分の名前に「ありがとう」を唱えるとみるみる幸福ゾーンが開く』(ともにコスモ21刊)の2冊には、自分の名前を記入するページを設けています。

「〇〇(自分の名前)さん、ありがとう」の四角の空欄に自分の名前を書き込んで「ありがとう」をくり返し唱えていると、この言葉のエネルギーが発動し、幸運を引き寄せる魔法が発動する仕組みになっています。以前は瞑想の場で行っていましたが、今は全国でたくさんの読者の皆さんが「ありがとう」のエネルギー

を実感できたと伝えてくださっています。

ところがその一方で、こんな相談も増えてきました。「ありがとう」と言うことに抵抗があってうまく唱えられない、「ありがとう」のエネルギーをもっと感じるにはどうしたらいいか……。

ある読者の方からは、こんなご相談を受けたこともあります。自分の名前を本の所定の空欄に書き込もうとすると、どういうわけか手が止まるというのです。

私が「これまで、自分のことを否定しすぎてきたのかもしれませんね」とお話しすると、その方は泣きながら「私ってずっと自分のことが嫌いだったんです。こんな自分はダメだと否定していました。だから、自分に『ありがとう』と言うことにものすごく抵抗があります」と訴えてきました。

「書き込むのはあとにして、ゆっくりでいいから、自分の名前に『ありがとう』を唱えてみて」とお伝えすると、「ありがとう」を口にすることができ、涙がどっと流れてきて止まらなくなりました。それからもう一度本を開いたら、今度はスッと書き込むことができました。

それからは自分の名前を言って「ありがとう」をくり返し唱えているそうです。このお話には後日談があります。この方は、最初は鉛筆で「ありがとう」と書き込んでいましたが、ある日閃いて、大好きな緑色のペンで名前を書き込み直して唱えてみたというのです。すると、また号泣してしまいました。それからも、緑色の名前を見ながら「ありがとう」と唱えていると、どんどん希望が膨らんでくるのを実感できたそうです。

こんな感想を知らせてくださった方もいます。

「まさか自分が幸せになることを拒絶しているとは思わなかった。でも本を何度も読んでいると、じつは自分が不幸好きだったことに気づきました。不幸を自分で引き寄せていたのです。今度こそ、これまでの自分とさよならできそうです」

同じように「ありがとう」を唱えていても、心の奥にある「自分はダメだ」と自己否定したり、劣等感が強かったりするほど、「ありがとう」の幸せにつながるエネルギーが作用するまで時間がかかります。そのため、唱えることを途中であきらめてしまう人もいます。

◇何が「ありがとう」のエネルギーを妨害しているのか？

何が「ありがとう」の幸せにつながるエネルギーを妨害しているのだろうか。私が瞑想しながら探っていたときのことです。ペルーで出会った賢者のある言葉が浮かびました。それは「いい人でいようとすると周波数が下がる」という言葉です。せっかく「ありがとう」を唱えても、いい人でいたいという思いが強ければ強いほど、「ありがとう」のエネルギーが妨害されてしまうというのです。

私たち日本人はとくに、いい人でいたほうが周りとうまくいくし、幸せに生きられると考える傾向があるようです。しかし、本当はそのことが幸せから私たちを遠ざけていると言ったら驚かれるでしょうか。

そのときの賢者とのやり取りは、この後、1章で詳しくお話ししますが、いい人でいたいという思いの根っこには「自分はダメだ」という劣等感が隠れています。そのことに気づかず、いい人でいようとするほど「ありがとう」の幸せにつながるエネルギーは妨害されるため、幸せから遠のいてしまうのです。

◇「自分はダメだ」を「私はありのままで素晴らしい」に書き換える

いい人でいれば認めてもらえる、いい人でいれば愛される、いい人でいれば安心、いい人でいれば人間関係もうまくいく……、こんなふうに思っている人がとても多いと思います。しかし、いい人でいようとするほどありのままの自分でいられなくなる、いい人でいようとするほど幸せが遠ざかるとしたらどうですか。

じつは、いい人でいたいという思いの根っこには、「自分はダメだ」という劣等感が隠れていることも多いのです。その思いが強いほど人の目が気になり、ダメな自分、自信のない自分に気づかれまいといい人を演じてしまいます。しかも、「自分はダメだ」という劣等感は心の奥の奥に刷り込まれているため、本人はそのことに気づいていないことが多いのです。そのために「ありがとう」の幸せにつながるエネルギーが妨害されるのはもったいないですよね。

本書は、そのことに気づき、心の奥にある「自分はダメだ」という劣等感を「私はありのままで素晴らしい」に書き換えることで「ありがとう」の素晴らしいエネルギーを体験した方たちが全国から寄せてくださった証言をまとめたものです。

そのなかには、三カ月ほど唱えていると自分の中の劣等感とさよならできたという方もたくさんいらっしゃいます。

◇誰でも素晴らしい存在

ここで、私自身が27年前、瞑想で体感した「人は誰もが素晴らしい存在」というビジョンについてお話しします。

太陽の周りに雲がかかって覆い隠されてしまうと、太陽の輝きが見えなくなります。でも、それは雲に隠れているだけで、太陽の輝きが失われているわけではありません。私たちも同じです。いろんな思いの雲で隠されているだけで、本当は光り輝いているのです。そのことを体感した瞑想体験があります。

大きな菩提樹の下でほんの5分のつもりで寝そべっていたら、ダイヤモンドが放つような白い光に包まれました。あまりにも心地良くて、そこでぼーっとしていたら、私という存在が消えてなくなり、愛そのものになっていました。

その瞬間、高揚感でいっぱいになり、至福感で満たされたのです。

これが本当の私なんだと、魂が叫んでいました。うれしくて、うれしくて、感激して涙を流していました。

目を覚ますと、すでに3時間たっていました。

もうひとつ、私の原点になった瞑想体験があります。

目の前に白く透き通った存在が立っていて、まばゆい光を放っていました。

「あなたは誰？」と思いながら目を凝らして眺めると、なんと自分だったのです。

鏡に映った自分より、ちょっとだけ優しそうで、ちょっとだけきれいで、ちょっとだけしっかりしていて、ちょっとだけ頼もしい。「私じゃないみたい」と思っていると、「これが本当のあ

なただよ」と心の声が教えてくれました。
「私って、こんなに素敵だったんだぁ。これが真実の私の姿なんだね、今まで気づかなかったよ。でも、もう気づいたから、自分を卑下したり、自分をダメだなんて言ったりしないよ。私は素晴らしいって、胸をはって言えるから」
そう心の中で叫んでいました。
この瞑想体験以来、私はずっと「自分の素晴らしさに気づいたとき、可能性は広がる」ことを伝え続けています。私のホームページにも掲載しています。

◇「いい人」をやめると決断する

瞑想セミナーをしていますと、どんどん気づきがあって早く変わっていく方と、なかなか変われなくて時間がかかる方がいらっしゃいます。この違いはなんだろうと探ってみると、先ほどお話ししたように、いい人でいようと自分を偽っているか、ありのままの自分でいるかにあることがわかりました。

もうひとつ、自分をあきらめてしまっている方も時間がかかります。頑張ってはいるけれど、どこかで無意識に、自分は無理だとあきらめています。ご本人は決して、あきらめているとは言いませんが、気づかずに「どうせね、今までダメだったし、きっとダメだろう」という言葉を発しています。それが口癖になっている場合もあります。

じつは、この場合もいい人でいたいのにうまくいかないから、あきらめているのです。いい人でいようとするから、できないことがあっても聞こうとせず、そのまま放っておき、もういいやとあきらめてしまいます。

ありのままの自分は違うよと言っているのに、他人の目や言葉を優先して逆らえない。そんな人生は楽しくないし、ストレスがたまるから疲れる。そんなくり返しをしているとしたら、どこかで、いい人をやめると決断することです。そうすれば、「ありがとう」のエネルギーが作用して、ありのままの自分こそ素晴らしいと実感できますし、もっともっと人生を楽しく生きることができますよ。

この本は、そのための助けになると思います。さあ、私といっしょに素敵な旅に出発しましょう。

令和5年11月

愛場千晶

「いい人」をやめて自分に「ありがとう」を唱えるともっと楽に生きられる……もくじ

はじめに　3
◇同じように「ありがとう」を唱えているのに反応が違うのはなぜ？　3
◇何が「ありがとう」のエネルギーを妨害しているのか？　6
◇「自分はダメだ」を「私はありのままで素晴らしい」に書き換える　7
◇誰でも素晴らしい存在　8
◇「いい人」をやめると決断する　11

1章

「いい人」でいようとするほど幸せは遠ざかる

心の周波数が下がり直感が鈍る　20
「自分は無能だ」と思っていたほうが楽？　25

いい人をやめたら「うまくいった」「ツイてる」が増えた　30
「素直」という言葉に抵抗がある⁉　33
あきらめ癖をやめる　35

2章

「いい人」をやめると幸せが舞い込んでくる

自分の望むようにしていたら〝ちゃんとした大人〟になれない　40
いい人でいないと幸せになれないと思って頑張ってきた　42
子どものころからものすごく親や人の目を気にしていた　47
潜在意識に焼き付いたことは増幅する　51
変わるのは相手ではなく自分の心の奥にある思い　53
いい人でいることにこだわっていた自分が不思議　57
知らないまま潜在意識の影響を受けている　59
マイペースで生きていればいいと心から思えた　61

どうせ理解してくれないと自分から壁をつくっていた 66
心が満たされていると劣等感や嫉妬心がなくなる 69

3章

「ありがとう」「ありのままの自分で素晴らしい」のパワーを実感

☆自分に「ありがとう」と言うのにとても抵抗があった 75
☆唱えていたら、めまいが消えた！ 80
☆このままの自分をさらけ出してもいいんだ！ 82
☆自分を好きになるだけで人生はこんなに違う 84
☆自分を飾らないでいるって本当に楽ちん 87
☆いい人の根っこは「いい子」だった 91
☆いい人をやめたら自分が愛おしくなった 99
☆いい人をやめたらとても楽になった！ 102
☆自分の気持ちや感情を大切にしていなかった！ 104

☆いい人でいたいと思ってどうしてダメなの？　が解けた　106
【自分の名前を書き込み唱えてみましょう】　110

4章 人生をつくっている「前提」を変える！

人生は無意識、無自覚に前提によって左右されている　112
「自分はダメだ」が前提になっていないか？　114
うまくいっている人の前提を観察する　116
自分の心の奥にある「前提」を確認する　117
☆「もう少し頑張ってみよう」と心から思えた！　121
☆結婚する前から離婚が前提になっていた！　122
ネガティブな思いが湧くときは「前提」を変えるチャンス　124
☆「不幸のままでいい」が前提になっていたことに気づく！　127
脳は情報を選別している　132

【コラム】ハッピー連鎖　134

5章

瞑想すると普段気づいていない感情に気づく

〝いい人〟について瞑想すると　138
「思いやり」について瞑想すると　140
プチ瞑想を体験する　144
前提を書き換えるために効果的な言葉　150
☆唱えていたら涙が止まらなくなった　152
☆「いい子」でいることがプレッシャーになっていた　155
☆前提が変わったら自分の気持ちを正直に言えるようになった！　157
☆前提を書き換えないと自分は変わらないことに気づいた！　159
☆「私は普通以下だ」が前提になっていることに気づいた！　160
☆いい人をやめると気持ちに余裕ができた！　162

☆前提が変わってとても楽になった！　163
☆自分を大切にしてこなかったことに気づいた！　164
いろんな言葉を唱えてみましょう！　167
一カ月ごとに唱える言葉を変えてみる　169
あとがき　171

1章

「いい人」でいようとするほど幸せは遠ざかる

心の周波数が下がり直感が鈍る

これまで書いてきた本を通して、いちばんお伝えしたかったことは、「ありがとう」の言葉には人生を変える特別なエネルギーがあるということです。さっそく実践してくださった全国の読者からは、たくさんの感動の声が寄せられています。

その一方で、「ありがとう」を唱えているのに、なかなか変化を実感できないという声を聞くこともあります。それは「はじめに」で述べましたように、いい人でいたほうが周りとうまくいくし、幸せに生きられるという思い込みと深く関係しています。その根っこには「自分はダメだ」という劣等感が隠れているからです。

このことについて私は、賢者とこんなやり取りをしました。

賢者　自然体でいるのもいいことだよ。格好をつけたり、見栄を張ったりすると疲れてしまい、周波数が下がるからね。いい人でいようとすると、それには無理

があるから疲れるんだよ。そのままだと病気になるかもしれないよ。いい人って他人目線だろう。自分の人生なのだから、自分目線でいいんだよ。
自分目線になると、いい人でいようなんて思わないだろう。君は大丈夫そうだね。背伸びしてよく見せようとしないタイプだろう？

ちあ（著者の愛称）　はい、自然体でいるようにしています。
（賢者によれば、自然体とは自分の心の声に正直に行動して生きることです）

賢者　自分の心の声を無視すると、自分をごまかす生き方になり、直感が鈍ってしまうよ。直感が鈍ると、人間関係、仕事、健康など、いろんなことがうまくいかなくなるからね。
誰でも、直感というセンサーに従うとうまくいくようにできているんだよ。直感に従いさえすればうまくいくのに、いい人でいようとして自分をごまかしているから直感からの声が聞こえなくなってしまう。もったいないよね。

ちあ　ほんとうは自分に正直に生きたいと思いながら、なぜ自分をごまかしてしまうのでしょうか。

賢者　何かを決めるとき、人に認められたい、よく思われたいという思いが心の奥にくすぶっていると正しい決断ができなくなってしまう。それだと、人生はうまくいかなくなってしまう。直感の声よりも、人にどう思われるかが第一になってしまうからだよ。

直感はね、頭で考えすぎると働きが鈍ってきて、そのうち閃きが湧かなくなる。自分を偽っている人もそうなるんだよ。

直感に従えばうまくいくのに、直感を信頼して使わないから人生はつらいことが増えてしまう。だから、見栄を張らず自然体がいいんだよ。

いい人でいようと見栄を張る人は、眼が泳いでいるからわかる。直感を使っていると、人を見抜けるようにもなるよ。

ちあ　でも、直感がほんとうに当たっているのか、自分で見分けるのは難しいんじゃないですか。

賢者　じつは直感には2種類あって、頭から湧く直感と、ハートから湧く直感がある。頭から湧く直感はエゴとつながりやすく嘘をつくこともあるんだよ。だか

ら、直感だから何でも従えばいいわけではない。ハートから湧く直感かどうかを見分けることも必要だよ。

ちあ　では、どうしたら見分けることができるようになりますか。

賢者　先ほど話したよね、いい人でいようとするのをやめると心に決めることだよ。そして、自分に「ありがとう」を唱えて心をいい周波数に保っていること。そうすると、どれがハートから湧いてくる直感か、それこそ直感でわかるようになるんだよ。

ちあ　そうなったら直感に従えば幸せになれそうですね。でも、私たちは自分でも気づかないうちに、いい人でいたほうが幸せになれると思い込んでいます。そのほうが周りとうまく付き合えるし、経済的に豊かに暮らせるし、健康な毎日を送れるし、人間関係もうまくいくと考えているからです。

　でも、実際にはいい人でいようとするほど幸せは遠ざかっていくのはどうしてでしょうか。

賢者　幸せでいるには、経済的に豊かであること、健康であること、人間関係が

良いこと、この3つのバランスが大事だよ。考えてごらん、お金があったって家族がいがみ合っていたら幸せとはいえないし、体が健康でもお金がなかったらどうだろう。

ところが現実は、この3つのどれかが、あるいは全部がうまくいかないことがはるかに多い。「お金がない」、「体調が悪い」、「人間関係がうまくいかない」ってね。

じゃ、どうしてバランスがとれないと思う？　結論だけ言うと、心の奥に「自分はダメだ」という劣等感があるからだよ。そのために心のバランスが狂ってしまうから、この3つのバランスも崩れてしまう。

だったら、そのことに気づけばいいはずなのに、本人も気づかずにダメな自分を隠していい人でいようとする。ありのままの自分でいられなくなるし、ハートから直感も見えなくなると言っただろう。

だから、本当に幸せをつかみたいのなら、まず、いい人をやめると心に決めることだよ。そして、自分は素晴らしいと心の奥に書き込むことだよ。

もう一つ大事なことがあるよ。うまくいかないのは〜のせいだと言い訳（実況中継）しないことだよ。言い訳するほど心の周波数が下がってきて直感が鈍ってくる。たとえ直感があっても、それが頭から湧いてくる直感なのかハートから湧いてくる直感なのかわからなくなる。

だから、言い訳（実況中継）をやめることも大事だよ。

「自分は無能だ」と思っていたほうが楽？

もうひとつ、私が主催している瞑想セミナーに全国から参加される方たちからよく聞く話があります。「いい人でいたいと思ってもうまくいかないからと、言い訳（実況中継）したくなるんです」

私が「だったらそこから変えていきましょう」とお話しすると、「言い訳じゃなくて、事実を言っているだけです」と怒る方もいます。そんなとき私が、「なぜ、そんなに文句を言いたくなるのですか」と質問しますと、こんな答えがよく返っ

てきます。

「私の辛い現状をみんなにわかってもらいたい」

「頭にきたときには、こんなこと言われたんだけど！　と言いたい。理解してもらいたい」

「私はこんなに不幸なのだと、誰かに共感してほしい」

「あの人、こんなにひどいことをしたの、腹立つよね。みんなもそうでしょう？と共感してもらいたい」

「自分を正当化したい」

「実況中継してストレスを発散したい。すっきりしたい」

なかには、こんな方（Aさん）もいました。

「自分が思っているより、もっと大きな能力があると見られている。そのままだと、能力がない本当の自分を知られたとき、がっかりされる。だから、私には能力がないことを実況中継しておこうと思っているんです」

そのとき、私はAさんとこんなやり取りをしました。

ちあ　できる人と思われたくない前提はなんですか？

（前提とは元になる考えのことで、本人は気づいていないことも多いのですが、これが人生を決めています）

Aさん　え～、私は無能であると思っていることかな。能力があると思われないように、うまくできないことをたくさん実況中継したくなるのかな。そうしていると、ますます自分は無能だと思えてきます。なんか変なループですね。

　でも、そのほうがいいと思って生きてきました。人から期待されすぎないようにしていたほうがいい、無理に頑張らないほうがいいと思ってきたんだと思います。それに、いくら頑張ったって無能な自分はどうせうまくできないと自分を納得させていたんです。

　結局、私の中ではこんなループが完成していたのかもしれません。「自信がない↓能力もない↓頑張ったってできないから頑張らない↓そのほうが楽だし、いい人と思われる↓本当に自信がない↓やっぱり能力がない」

ちあ　でも、能力があるって言ってくれる人もいるでしょう。それってもったい

ないですよ。

Aさん　期待されないと思ったほうが楽だったし、いい人でいやすかったんです。あまりプレッシャーを感じなくても済みますし。

ちあ　期待されると確かにプレッシャーになるかもしれないけれど、その期待に沿えるように頑張ると、一つ山を登ったような達成感もあるのでは？

Aさんは山登りが好きなんですよね。低い所から徐々にはじめて、だんだん難しい山にも挑戦しようとしていくでしょ。それってワクワクすることじゃありませんか。自分の能力を上げていくのも同じだと思います。

それなのに、自分はダメだという劣等感が心の奥にあるから、能力がないと思われていたほうが楽だし、いい人でいられると思ってきたのかもしれませんよ。ですから、そんな自分を変える第一歩は、いい人をやめると決めることなのです。それだけで、失敗したらどうしようというプレッシャーは弱まりますし、うまくできたときの場面や成長した自分をイメージしやすくなります。

そもそも人間って、成長が止まったら、そのままの状態が続くのではなく、退

化（老化）していきます。本当にボケちゃうかもしれませんよ。

Aさん　そうですね。いい人をやめると決めるだけでも楽になれそうですね。

ちあ　いい人でいたいと思うほど、本当はそうではない自分のことをわかってほしい、共感してほしいという思いが強くなります。でも、そう思っているうちは不幸から抜けられません。

　そんな自分に共感してもらうと、もっと文句を言いたくなり、実況中継したくなり、だから難しいと思ってしまいます。プラス思考の人ほど、違和感を抱いて周りから離れていくでしょう。

　しかも、「自分は正しい↓相手は間違っている↓だから相手を攻撃していい」という思考に陥りやすくなります。実際に相手を批判したり、喧嘩したりすることが多い人生になるかもしれません。

いい人をやめたら「うまくいった」「ツイてる」が増えた

こんなマイナスのサイクルに歯止めをかけるには、まず、いい人でいたいと思うことをやめると心に決めることです。そして極力、実況中継（言い訳）する言葉を口にしないことです。

自分が発した言葉（心の中で思った言葉も含めて）は、必ず回りまわって自分に返ってきます。実況中継して不満や愚痴を言っていると、その言葉が自分に返ってきて、そのとおりのことが引き寄せられてきます。とくに、先述しました「お金がない」、「体調が悪い」、「人間関係がうまくいかない」という3つの実況中継はすぐにやめましょう。

瞑想セミナーの参加者には、「いい人でいたい」をやめると決めて、とりあえず一週間だけ実況中継をやめてみませんか？　と伝えています。その後、様子を聞きますと、皆さん口をそろえて、

「自分がこんなに実況中継をしているなんて気づかなかった。心のどこかで自分はダメだと思っていることは気づいていたけれど、そんな自分をわかってもらいたくて、ちょくちょく実況中継していることに愕然としました」

とおっしゃいます。そして、

「自分はダメだとわかってもらったところで、幸せになるわけじゃない。本当に幸せになりたいなら、〝いい人でいたい〟をやめると決めて、実況中継をやめることだと気づきました。最初はつい実況中継してしまうこともありましたが、減らし

ていけています」

と言ってくださいます。

兄弟でチャレンジした方がいます。

「ふたりではじめてみたんですが、お互い、かなり実況中継していることにびっくりしました。ひとまず一週間の目標でも、相当きつかったです。でも、『ありがとう』を唱えることで続けることができました」

はじめから完全にやめるのが難しい場合は、まずは半分減らすことを目標にしませんかと提案をしています。それができたら、もう半分減らすことにチャレンジします。

すると半分くらいまで減ったあたりから、脳が実況中継はしないものだと認識するようになり、それほど意識しなくても楽にできるようになります。一方、実況中継が減るにつれて「うまくいった」とか「ツイてる」と感じることが増えます。

たとえば、「くじ引きが当たるようになった」「人からいろんなものをもらうよ

うになった」「八百屋さんでおまけしてもらうことが増えた」「腰の痛みが和らいだ」……。以前なら、たまたまにすぎないと思って見過ごしていたことが、「うまくいった」「ツイてる」と実感できるようになります。

「素直」という言葉に抵抗がある!?

私が言葉を変えると人生が変わるとお話しすると、斜に構える方がいます。なかには「子どもじゃあるまいし、言葉を変えたぐらいで人生が変わるなら苦労はしないよ」と、試してみることすら露骨に嫌がる人もいます。

どうも、「素直」という言葉に抵抗があるようです。こんな方がいました。

「自分は子どものころ、いじめっ子の言うことに素直にハイと言わないと殴られました。それで素直にお金を渡していました。ですから私にとっては、素直になることはとても抵抗があります」

「子どものとき、『素直に言うことを聞かない』と父に殴られることがよくありま

した。ですから、素直という言葉には嫌なイメージしかないのです」

私が考える素直は、宇宙（天）から降り注ぐ幸せエネルギーや直感を歪めずに、まっすぐ受け取る心のあり方です。ハートから湧いてくる直感をそのまま受け止める心のあり方です。相手の言いなりになることではありません。素直という言葉に抵抗がある人は、このように素直の定義を変えてみてください。

「病気の治りが早い人には素直な人が多い」という医師の話や、「オリンピックで金メダルを取る人は監督や周りのアドバイスを素直に聞いている」というスポーツ関係者の話を聞くことがあります。

だから、いい人でいたほうが素直だと思うかもしれませんが、それは逆です。ありのままの自分を素直に受け入れることができず、いい人を演じているのです。素直という言葉に抵抗があるのは、自分はダメだという劣等感が心の奥にあり、自分は素晴らしいと思えていないからかもしれませんよ。

あきらめ癖をやめる

私（著者）は、あきらめ癖をやめること（裏返せば希望を持ち続けること）も大事だと思っています。あきらめ癖を持っている人は意外に多いですし、そのことに気づいていないことも多いです。

豊かになるのをあきらめてしまっている、人生を楽しむのをあきらめてしまっている、病気完治をあきらめてしまっている……。なかには、まだ二十代なのに、たった数回就職試験に失敗したくらいで人生をあきらめてしまっている人もいます。

幸せになることをあきらめている人もいます。いい人でいれば幸せになれるのに、豊かになれるのに、人生を楽しむことができるのに、健康で暮らせるのに、いい人でいることができないから幸せになれないとあきらめているのです。

でも本当は、誰だって人生をやり直せるし、人生を変えられるのです。

あるとき、横浜のホームレスの方がユーチューバーになって稼いでいるという話を聞いて、実際に横浜に行ってみたことがあります。会ってみますと、やらせではなく、本当にホームレスをしている〝普通のおじさま〟でした。

「ホームレスになったのは自分が悪かったんだ。辛いのは人のせいじゃない。すべて自分。受けた恩は3倍返しで返す」

とおっしゃっていたのがとても印象的でした。

その後、この方は滞納した税金を払い、家を借りられるようになったそうです。

もうおひとり、『自分の名前に「ありがとう」を唱えると奇跡が起こる！』を読んでくださり、刑務所からお手紙を送ってくださった方がいます。

覚せい剤で刑務所に入り家族とも疎遠になっていたそうです。何度かお手紙をやり取りさせていただきましたが、刑務所で毎日、自分の名前に「ありがとう」を唱え、家族にも「ごめんなさい、ありがとう」を唱え続けておられました。

その後、「出所して昔の悪い仲間とも縁が切れ、薬をやりたいと思うこともなくなりました。疎遠だった兄弟とも連絡が取れるようになり、今は幸せです」と、お

手紙をいただきました。

どんな状態であっても、ダメだとあきらめないでいれば、自分が変わろうと決めさえすれば、誰だってやり直せるし、変わることができるのです。

2章

「いい人」をやめると幸せが舞い込んでくる

いい人でいれば幸せになれると思い続けてきたけれど、かえって幸せが遠ざかっていることに気づかないまま苦しんでいる方にたくさん出会ってきました。門広美さんも、そんなおひとりです。

いい人でいれば、周りが受けて入れてくれるし、自分も安心して過ごせる。そう思って精一杯、いい人でいようと頑張ってきた。でも、幸せは遠のいていくばかり。「ありがとう」の言葉を大切にしていたのに、うまくいかないと悩んでいたとき、いい人でいようとすることで、心の奥にある「自分はダメだ」という劣等感をごまかしてきたことに気づいたそうです。

門さんは、自分がどれだけいい人でいることにこだわってきたか、それまでの人生を振り返りながら、こんな話をしてくれました。

自分の望むようにしていたら〝ちゃんとした大人〟になれない

門　私は無意識にずっといい人を演じていました。心の奥深くで「いい人でいよう」といつも思っていたのです。その感覚があまりに当たり前になってしまい、他人が望むいい人を無意識に探して、その通りに演じていました。しかし、自分はそのことにまったく気づかず、常に人の目を気にして生きていたのだと思います。

ちあ　よく気づきましたね。

門　子どものころは、いつも忙しい親に迷惑をかけないように過ごしていました。長女だし、妹の面倒もみないといけませんでした。おそらく、親にとって育てやすい、手のかからない「いい子」でいようと努めていたのだと思います。

そんな私は、親から見たら「いい子」だったと思いますし、私もそのほうが安心でした。それが私の生きるスタイルになり、友達に対してもいい人でいようとしましたし、結婚してからは夫にとっていい妻、娘にとっていい母、ママ友や幼稚園、学校の先生にとっていい人でいるのが私の幸せだと思い込んでいた気がします。

私自身はまったく気づいていませんでしたが、結局のところ、私の周りにいる誰にとってもいい人でいようと振舞ってきたのだと思います。ですから、「ありのままの自分が望むことなんてしていたら、ちゃんとした大人になれない」と考えていました。

それが私の常識になり、自分が好きなこと、得意なことがあっても、知られたらいい人でいられなくなる。そんな感覚で過ごしていました。

いい人でいないと幸せになれないと思って頑張ってきた

ちあ　何か得意なことはなかったんですか。

門　じつは、私は手芸が得意でしたが、そのことを周りに知られたら「何よ、下手なくせに」と否定されるのが不安で、得意だなんてとても言い出せなかったのです。「私、手芸が好きなんです、うまくはないですけどね」などと言える勇気があったら違ったでしょう。でも、余計なことを言わず、いい人でいたほうが楽だったんだと思います。

ちあ　そのころは、何を判断基準にしていたか、わかりますか。

門　私の場合は、「悪く思われていないかな？」「嫌われていないかな？」「ちゃんとできているのかな？」「変だと思われていないかな？」「どんな人だと思われているのかな？」……でした。

結婚してからは、結婚したんだから、母親になったんだから、いい歳をした大人なんだから、それにふさわしい〝いい人〟でいたいが判断基準でした。それを守っていれば幸せなんだと自分に言い聞かせていたような気がします。

しかし、実際の私はちっとも楽しくないし、生きていることが辛くなるばかりで、私の心と体は悲鳴を上げていたのでした。

ちあ　それでも我慢し続けていたんですね。それじゃ、どこかで自分が壊れてしまうよね。

門　ある日、母が子育てで苦労している私を励ますつもりで何気なく「しっかりしないと、いい母親になれないよ」と言ったんです。その一言で、それまで必死に持ちこたえていた私の心と体は壊れてしまいました。私は、母親にこう叫んでいました。

「いい母親って何⁉ じゃあ、お母さん、自分は何なの？ お母さんは子どもに迷惑かけ、好き勝手なことばっかり言って私を支配してきたくせに‼ これ以上、私に何を求めるの？ お母さんは私を自分勝手な自慢道具にしていただけじゃない‼」

私は母に感情をぶつけることで辛かった自分から逃れようとしたのですが、もちろん、私の心が晴れることはありませんでした。それどころか、以前にも増してもっといい人でいないと幸せになれないと頑張ったのです。

それを何年も続けるうちに、我慢が限界に達したのだと思います。いよいよ心も体も「辛いよ」と悲鳴を上げているのに、自分ではどうすることもできませんでした。

一人でスーパーにも行けなくなり、いつも夫に付き添ってもらっていました。それでも娘が20歳になるまでは生きよう、その後は死んでもいいと思っていました。

ちあ　そんなときでしたね、私と出会ったのは。

門　自分の苦しみの本当の原因が見えてきて、いい人をやめようと心に決めたんです。

ちあ魔女（著者の愛称）はとても自然体で見栄を張らない人だなと思ったので、「何でそんなに自然体なんですか？」と聞きましたが、そのとき、こんなやり取りをしたことを覚えています。

（以下はそのときのやり取りです）

ちあ　普通ですよ。見栄を張るのは疲れるからしたくないんですよね。

門　それってどういうことですか？

ちあ　いい人でいようとして嘘をつくと、それを取り繕うためにまた嘘をつき、嘘がどんどん膨らんでいきます。そんなことしていると、病気になるからやらないだけです。私、病気嫌いですから。

門　嘘をつくと病気になるんですか？

ちあ　嘘をつくのは、自分の直感を偽っているからです。直感を無視していると、心が辛くなり、病気になることがよくあるんです。

　私は自ら不幸を招きたくないので、直感を極力偽らないことにしているんです。

門　自分の直感を無視するって、どういうことですか？

ちあ　たとえば、直感は左に行けと言っているのに、みんなが右に行くから右に行きます。直感はやりたくないと言っているけど、みんながやるからしかたなくやります。そうしないと、いい人でいられないと思うからです。

　直感は本来、自分を幸せに導いてくれるものなのに、「いい人」でいようとするほど、直感の声はどんどん聞こえづらくなります。それでも同調圧力に屈して、いい人でいたほうが楽だと思うため、ますます直感の声は聞こえなくなっていきます。そんな悪循環をくり返してしまうのです。

門　自分のことを言われているようで心にグサッと刺さります。

（ここまでです）

子どものころからものすごく親や人の目を気にしていた

門　ところで、ちあ魔女は長女なのに、私のように妹の面倒を見ようとは思わなかったのですか？

ちあ　思いませんでした。年齢差はそれほどないですし、私は昔からわがままだったらしいんです。デパートで欲しいものがあると、買ってくれるまで動かないので、恥ずかしくなり根負けして買ったこともあると母親が言っていました。私自身には記憶がありませんが。

門　のびのびしていたんですね。

ちあ　わからないけれど、母親は子どものときに戦争体験をしていて、欲しいものがあっても我慢するのが当たり前だったそうです。ですから、子どもには好きにしていいと言っていたみたいです。

門　同じ長女なのに私とは全然違いますね。

ちあ　私は子ども時代、問題児でした。小学校の入学前のテストで名前だけ書いて白紙のまま出しました。学校から母親に「知能が遅れています、特殊学級に行ってください」と連絡があったそうです。

母親が「そんなはずありません。うちの子は、ひらがな、カタカナ、ローマ字も書けます」と学校に伝えると、小学校に呼び出されました。校長先生との面接で「ちあきちゃんは何で、白紙で書いたの？」と聞かれました。私は「こんな簡単な問題、赤ちゃんじゃあるまいし、私を馬鹿にしていると思ったの」と正直に言いました。そして、校長先生の前でローマ字とひらがな、カタカナを書いてみせたんです。

門　６歳の子がそんなこと言ったんですか。

ちあ　私は当時、アメリカンスクールを受験するつもりで勉強していました。ところが水疱瘡のせいで受験ができなくなり、腐っていたんです。そんな問題児だったので母親もあきらめたのか、「いい子」にしなさいと言われた記憶はまったくありません。

たしかに、白紙で出したのはかわいげがないですよね。今考えたら、自分でも変な子どもだったと思います。先生に言われたとおりにやらないのは、なんか生意気ですよね。ひねくれていたのかもしれないです。

それは、母親の妹（叔母）が教師をしていたことも影響しているかもしれません。叔母を見ていて偉い人だとは思わず、教師はみんな同じぐらいに思っていました。

親からも、先生の言うことを聞きなさいと言われたことはありません。たとえば先生からは、給食は残さず食べなさいと言われていましたが、母親は「給食、嫌いなら食べなくていいから」と味方になってくれました。

じつは、私は口から生まれてきたといわれるぐらいおしゃべりな子でした。型にはまらない子だったので、親もいい子にしなさいと言うのをあきらめていたのかもしれません。

母親はもともと体が弱くて、子どもは産めないかもしれないと言われていました。結婚してもなかなか子どもに恵まれず、私を出産したのは8年目くらいです。だから、子どもは元気でいれば十分と思っていたようです。

そんな母親ですが、80歳過ぎても元気で海外旅行を楽しみ、常備薬もほとんどなしで生活をしています。毎日プールでアクアビクスを踊り、自転車で13km先まで出かけています。


門　私は子どものころから、ものすごく親の目や人の目を気にしていたと思います。だから、いい人でいるのが普通だと思って生きてきた気がします。でも、それは自分を偽っていることですね。

私の根っこは「親が望む育てやすい子」になることだったんだと気づかされました。

親は仕事がとても大変だったので、そのときは仕方なかったことですが、それがひずんだ形で私の心に焼き付き、親に迷惑をかけない「いい子」でいないといけないという思いが心に焼き付いてしまったのだと思います。

潜在意識に焼き付いたことは増幅する

ちあ　そうですね。心の奥底の潜在意識（無意識）にある思いが焼き付くと、そのまま潜んでいるのではなく増幅するんです。親に対して「いい子」でいようという思いも潜在意識に焼き付くと増幅して、他人に対しても、いい人でいようとするようになります。それが幸せにつながると信じ込んでしまうんです。

今は、心の法則がかなりわかってきて、潜在意識に刻まれた子どものときの思いは年齢とともに増幅されていき、病気や不幸につながることもあると考えられています。たとえば、「これをすると失敗するから、やってはいけない」「あれをすると失敗するからダメだ」と言われていると、それが潜在意識に焼き付いてそのままになるのではなく、増幅して過度に失敗を恐れるようになるんです。

もうひとつ潜在意識の特徴として、自分と他人を区別しません。ですから、他人に向けたはずの悪口が自分への悪口になり、自分を傷つけます。口から出た言葉や心の中で思った言葉はすべて、他人に向けたものであってもいずれ自分に戻ってきます。「人を呪わば穴二つ」の戒めも、まさにそのことを教えています。

門　私が「いい子」でいようと思ったのは、そうしていないと認めてもらえないという承認欲求から来ていたんですね。もっといえば、ありのままの自分はダメな子だという劣等感が心の奥に居座っていたんですね。だから、せめて「いい子」を演じることで認めてもらいたい、ほめてもらいたいと思っていたことに気がつきました。

ちあ　親からほめられたことはまったくなかったですか？

門　そうですね。まったくなかったかどうか覚えていませんが、あまりなかったように思います。

あらためて私は誰にほめてもらいたいんだろうか？　と考えていたら、若いころの母親の顔が浮かびました。すでに子どもがいるいい大人なのに、私の心の根っこは無意識に母親から認めてもらいたいと思っているんですね。なんか、とてもショックです。

ちあ　他人じゃなくて、自分で自分を認めてあげればいいんですよ。自分で自分をほめてあげたらいいんです。

門　そうですね。でも、最初はそれがどういうことなのか理解できませんでした。自分で自分を認めるってどういうこと？　なにをしたらいいの？　そんな感じでした。

変わるのは相手ではなく自分の心の奥にある思い

ちあ　そんなときは、いい人でいるのをやめると心に決めて、「私はありのままで素晴らしい」って断言しちゃえばいいんですよ。それを唱え続けていると、その言葉のエネルギーが心に作用して、自然にそう思えてきます。一人で言っているのだから、誰にも迷惑をかけないし、失うものもないでしょう。そんなこと嘘だと思っている自分がいてもいいから、「私はありのままで素晴らしい」と唱えてみることをおすすめします。

最初は抵抗があっても、何度も唱えているとしっくりくるようになりますよ。

門　私の根底には「自分はダメだ」という劣等感があると気がつきました。それが信念にまでなって、強く強く心の奥に焼き付いているんですね。だから、自分を認めてあげられなかったんだとわかりました。

頑張っている自分を、もっと頑張れ、もっと頑張れと追い込んで体調を崩していました。肌はボロボロになるし、冷え性になるし、いつも不安でたまりませんでした。「これ以上頑張れないって」と体が叫んでいるのに、無視して自分を追い込んでいたんです。誰かに「いい人だね」と認めてもらいたくて、自分を追い込んでいたんです。

ちあ　それって、とても苦しいことでしょう。

門　だから、苦しいのは誰かのせいだ、自分は悪くない、そう思い続けていたことにやっと気づきました。親のせいにしたり、他人のせいにしたりすれば一時的には楽になるけれど、運気はどんどん落ちていき、体はどんどん辛くなっていきました。

でも、親のせいで私はこうなったと憎んだところで運気が上がるわけでも、体調がよくなるわけでもないですよね。

ちあ　変えるのは相手ではなく、心の奥にある自分自身であり、「自分はダメだ」という劣等感です。そこから変わらないと幸せは近寄ってきませんよ。

門　そうですね。もう人のせいにして自分を慰めることはやめようと決めます。

私は自分の人生に責任を持とうと決めて、「私はありのままで素晴らしい」を続けて唱えてみました。すると、あるとき、体がスッと楽になるのを感じたんです。

ちあ　言葉にはエネルギーがあるんです。自分はダメだという劣等感を書き換えるには、とくに「ありがとう」「ありのままの自分は素晴らしい」を唱えて、そのエネルギーを心に浸透させるのがいいですよ。

門　言葉って本当に不思議ですね。

正直に言いますと、私は「ねばねば星人」でした。「ねばならない」思考が強くて自分を縛っていました。こうあらねばならい、こうしなければならないと考えるクセがついていました。誰に教えられたわけでもないのに……。

ちあ魔女から「人生を楽しみましょう」と言われたときも、自分の中で勝手に、人生は楽しまねばならないと変換していました。よく考えたら、楽しまなければならないなんて、おかしいですよね。だけど、私にはこれまで心から楽しんだ記憶がなかったので、楽しまないといけないと考えてしまい、もっと楽しめないように自分を縛ってしまったんです。

ちあ　ありのままの自分が楽しかったら楽しいし、楽しくなかったら楽しくないでいいし、楽しんでいるふりをして、いい人でいるなんておかしいですよね。

門　私もそう考えるようにしていたら、素直な気持ちで「私は、ありのままで大丈夫、ありのままで素晴らしい」「ありのままで素晴らしい」「ありのままで楽しめばいい」と唱えることができました。

そのとき、涙があふれてきて止まりませんでした。こんな感覚は何年ぶりだろう、生まれて初めてかもしれないと思いました。心の奥から「誰かの目を気にして生きていくなんて辛くて苦しいだけ。いい人でいるのはやめよう。もっともっと自分を愛してあげよう」という声が聞こえてきました。

本当にそうだと心から納得でき、肩の力がふっと抜けた感じがしました。

いい人でいることにこだわっていた自分が不思議

ちあ　「私の人生は私のもの。誰のものでもない、だから人生を楽しみます」も唱えてみましたか。

門　唱えていると、いい人でいるのではなく素のままの私でいることに自信が湧いてきたんです。

母親が、私の変化を感じたのだと思います。少しずつですが私に対する考え方が変わってきたようです。「そういう考え方なんだね」とか「私たちとは時代が違うから」と、あまり干渉しなくなりました。

ちあ　自分はありのままで素晴らしい存在であると気がついたら、どんな変化がありましたか？

門　人の目があまり気にならなくなりました。無理に肩ひじ張る必要もないし、何が起こっても自然に受け入れることができます。そんな私を認め、大切にしてくれる素敵な人たちとの出会いも増えました。

　また、できないことがあると「それはできません」と、わからないことがあると「それがわかりません、教えてください」と素直に言えるようになりました。そうしていると、教えてくれたり助けてくれたりする人が増えてきたんです。この生き方のほうが何倍も楽ですね。

「聞くは一時の恥、聞かぬは一生の恥」といいますが、ほんとうにそうだなと思えます。

　これまで、苦しくて辛くてたまらないのに、いい人でいることにこだわっていた自分が不思議でたまりません。私みたいな人って多いですか？

知らないまま潜在意識の影響を受けている

ちあ　たくさんいますよ。私がそのことをズバッと言うと、「いい人でいたいと思って何が悪いんだ」と激怒する人もいます。自分は不幸だ、自分はダメだと決めつけている人ほど、そう思うことが癖になっているみたいです。

「自分はダメなんだ」と決めつけても、自分も周りの人も誰も幸せにならないのに、もったいないですよね。自分で自分の首を絞めているようなものです。

人に何を言われても、「私はありのままで素晴らしいんだもん」と思えたら問題ないでしょう。それには、言葉の力を信じて、「私はありのままで素晴らしい」を心に焼き付けることです。今まで「自分はダメだ」と思い込んでいた度合いが強いほど、「私はありのままで素晴らしい」をたくさん唱えればいいのです。

私にも辛い体験があります。まだ3歳のときのことが心に焼き付いてしまったのです。ある日、幼稚園に遅刻して行ったとき、先生に「あんたはろくな大人にならないよ。愚図だし」と言われました。先生は軽い気持ちで言ったのかもしれませんが、私の心には「自分はダメだ」という記憶としてずっと残りました。

じつはそのころ、父は会社を始めたばかりでした。私が遅刻した日は、従業員が急に休んでしまい、急遽、母が代わりの人を探すことになったのです。3歳児の私が一人で幼稚園に行けるはずはないので、電話が終わったあと母が幼稚園に私を連れて行きました。

今から振り返ると、先生が私を愚図だと思ったのは、1月生まれで4月生まれの子より体が小さく、動作も遅かったので、つい言葉に出たのかもしれません。でも、3歳の私はそんな事情を知るよしもありませんから、その言葉を真に受けて「自分はダメだ」と受け止め、ずっと心の奥に焼き付いてしまったのだと思います。

その後の人生で、何か新しいことに挑戦しようとしたとき、いつも「自分はダメだ」という劣等感が頭をもたげてきました。もちろん、そのためだけではありませんが、小学校から大学まで4度も受験に失敗し続けました。そういう場面になると「自分はダメだ」という劣等感が湧いてきて力を出せなくなるところがありました。瞑想を行うようになってからは、不安や劣等感はほとんどなくなりました。

誰でも自分で物事を決めていると思いやすいのですが、本当は知らないまま潜在意識の影響を受けています。そのことに気づき、そこから自分を解放してしないかぎり、人生は変わっていきません。

（ここから、門さんと私のやり取りを聴いていた妹の美穂も話に加わりました）

マイペースで生きていればいいと心から思えた

美穂　私が小学生のときに仲良かった友達は嫉妬心が強くて、私が良い成績を取るたびにカンニングしたと先生に嘘を言いつけました。そのためにひどい目にあったのですが、それがきっかけで、いい点を取るとカンニングしたと言われるなら、悪い点でいいって思ってしまって、勉強に対する劣等感が心に焼き付いてしまいました（たぶん潜在意識で決めてしまったんだと思います）。

このことをずっと知らないまま大人になったのですが、ある日「7歳の扁桃体にありがとう」を唱えていたときに、過去の記憶がよみがえり思い出したんです。劣等感の根っこがここだったってはっきり自覚しました。

(詳しくは『自分の脳に「ありがとう」を唱えると不安脳・病気脳とさよならできる!』を参照してください)。


他にも気づいたことがあります。私と姉とは年齢差が3歳なので、姉が中学校を卒業したタイミングで私は中学に入学しました。中学校の先生は姉のことをよく知っていたのですが、中学時代の姉はかなり問題児だったらしく、授業をまじめに聴いていなかったと言われました。ところが、テストの点数は良いので、生意気な子だと思われていたようです。

「お前のお姉さんは授業中にマンガ読んでいても、問題には答えていたよ。なんでお前はできないんだ」と言われることもあり、私は学校に行くのが嫌になったんです。ある日、学校に行きたくないと駄々をこねると、母親が学校に怒鳴り込んで、姉と比べないでくれと文句を言ってくれました。

姉が勉強しなくても成績が良くて、先生たちが姉を叱れなかったから、代わりに私を叱るのは、とんだとばっちりもいいところです。

それからは、先生たちは私と姉を比べなくなったんですが、私の中には姉に対する劣等感が焼き付けられ、大人になっても心の奥に潜んでいました。それでも、私が結婚して離れているうちは何とか取りつくろっていましたが、瞑想家である姉に弟子入りすることになり、接しているうちにその劣等感と向き合うしかなくなったのです。

このまま劣等感を持ち続けていたら、私はもっともっと卑屈になってしまうし、このままだと私の子どもも同じような苦しみを抱えてしまう。そう気づいて、自分の中の劣等感を何とかしたいと思いました。本気で変わりたいと思ったのです。

あるとき、姉（ちあ魔女）を交えて、みんなで自分の長所を挙げて書いていくワークがありました。私はなかなか自分の長所が思い浮かびません。でも、他の人が挙げた長所を聞いていると、それなら私にもあると気づきました。それからは、どんどん自分の長所が浮かんできて最終的には１００個書き出していました。

そうしていると、劣等感に縛られている自分が馬鹿らしくなってきたんです。このままの私でいいと心から思いました。それから、「私はありのままで素晴らしい」とくり返し唱えていたら、不思議なくらい自然に「自分は素晴らしいんだ。自分はダメだなんて思うことはない。私には私の良さがある。人の目を気にして、いい人でいる必要なんてない」という思いが湧き上がってきました。

さらに、ちあ魔女が教えてくれた「劣等感を手放します。私はかけがえのない素晴らしい存在です」を唱えていたら、数カ月後、私の中の劣等感が消えていることに気づきました。

おかげで、姉は姉、私は私、私以上でも私以下でもない。マイペースで生きていればいい。心からそう思えるようになったんです。

門 自分は不幸だ、自分はダメだと自ら心に焼き付けていることに気づいたときは衝撃的でした。

ちあ そうだよね。自分はダメだという劣等感を心の奥に焼き付けてしまうと、何をやってもうまくいかないし、結局ダメだと思ってしまいます。たとえば、どうせ病気は治らないと心の奥で思ってしまうので、治るものも治らなくなっちゃうんです。

自分はダメだという劣等感を書き換えるには、まず、いい人をやめると心に決めて、「私はありのままで素晴らしい」を唱え続け、それを心の底の底に焼き付けてほしいんです。それができるほど、望むものがどんどん手に入るようになってきますよ。ぜひ、実験してください。

ふたりの共通点は、「ありがとう」を必死で唱え続けたことと、「私は素晴らしい」を心の奥にしっかり落とし込んだことです。それで、とても楽に生きられるようになったんです。劣等感からも解放されました。

ふたりだけじゃなく誰でも、本気で変わろうという気持ちと、やり続けることができれば3カ月で劇的に変わりますよ。

どうせ理解してくれないと自分から壁をつくっていた

美穂　自分はダメだって決めつけている人は本当に多くいますよね。そういう人に、あなたは素晴らしいと言っても、そんなこと言って私を騙さないでと耳をふさいでしまいます。

ちあ　そのための第一歩が、いい人をやめると心に決めること、自分に「ありがとう」を唱えること、そして「私はありのままで素晴らしい」を唱えることです。私はありのままで素晴らしいという言葉がしっかり心に染みてくると、自分の感じ方、考え方が変わってきます。気づいたら幸せが向こうから近づいてきますよ。自分の変化に周りの家族や友達も気づきはじめます。

門　私も、こんなに人生が楽しくなるなんて思ってもみませんでした。人の目が気にならなくなり、自由に人生を楽しめることに気づいたんです。

それまでは人の目を気にして、自分の直感で生きるより、いい人でいるほうが楽だと思い込んでいました。でも、自分の直感を大切にしていると、常に守られるという感覚を持てるようになり自然体でいることができたんです。人からどう見られるかも、以前ほど気にならなくなりましたし、相手のことがよく見えるようになりました。「皆に嫌われたくない」「いい人に思われたい」と思い、相手に「どう思われるか」を気にしていたころの私は、意地悪な人や嫌な相手にも無理して合わせていました。それが、いい人でいることをやめたら、自分の気持ちや考えを素直に伝えることができ、それまでとは人間関係も劇的に変わりました。

相手によって態度を変えたり顔色を伺ったりすることや、相手に合わせて媚びを売ったりゴマをすったりすることも必要ないので、気持ちがすごく楽になり、一時の感情に振り回されることも減りました。

「まあ、いいか。いろんな価値観があるから、自分と合う、合わないもあるよね」と割り切ることができ、文句を言われてもただの八つ当たりなのか見極めることもできます。

これまでは、何か言われると、どうせこの人は私を理解してくれないと自分から壁を作り、だから私も理解できないと思いつつ接していました。たとえ相手が私のためを思ってダメ出しをしてくれていても、どうせ自分のことはわかってくれないと耳をふさいでいたのです。ですから、ちょっと親しくなった人がいても、すぐに離れていきました。

親に対しても同じです。せっかく愛情を持って接してくれているのに受け入れることができません。いつか裏切られるにちがいない。それくらいなら壁を作ったほうが安全だと思い、自分から孤独になっていました。

ところが、いい人でいなくていいんだと決め、「ありがとう」と「自分はありのままで素晴らしい」を唱え続けていたら、本当は親や周りが自分を認めてくれていたことに気づいたんです。それからは、私のいいところを見つけて引き出してくれる人が増えました。人間関係も楽になり、幸せだなって実感できることも増えました。

生きていても価値がないと思ってイライラしたり、不安になったりすることも減って、精神的にものすごく安定してきたんです。それは肌の状態にも現れました。汗や涙でも皮膚がかぶれてしまい、目の周りは蛇女といわれるぐらいガサガサでしわしわでした。どんな化粧品でもダメで、ドクターズコスメでもダメでしたが、そんな肌が劇的にきれいになったのにはさすがに驚きました。おかげで普通の化粧品で大丈夫になり、アイシャドーが塗れるようになったんです。

今は、自分の直感を大切にして自然体でいることができます。そんな私を良い具合に放置してくれている夫（笑）や、そんな私と仲良くして支えてくれる人たちに恵まれて、本当に幸せです。

心が満たされていると劣等感や嫉妬心がなくなる

美穂　最初は「ありがとう」を唱えたくらいで何が変わるんだと反発したけれど、ゆっくりと「美穂ちゃん、ありがとう」を唱えていたら、涙がボロボロ流れて二日間泣き続けました。よくここまで泣けるなと思うぐらい涙が出ました。ティッシュボックスを何箱使ったことか。

お風呂の中でも「美穂ちゃん、ありがとう」を唱えながら、「美穂ちゃん、ごめんなさい。今までずっと傷つけてきてごめんね」と自分に謝りました。

唱えていると、これまでの人生で体験したいろんな場面が浮かんできて、そこで味わった感情が蘇ってきては消えていきました。そのときどきに感じた劣等感、自己否定、どうせ無理、どうせダメ、どうせバカだ、姉にはかなわないといった思いが心の奥に焼き付いてきたことがわかりました。

それからは毎朝、毎晩、車の中でも思いつくたびに「美穂ちゃん、ありがとう」を唱えていました。本当に必死でした、本気で自分を変えたかったから。

声に出せないときは、心の中で唱えました。そうして6カ月経ったころ、瞑想をしたほうがいいと思ったんです。姉に相談して瞑想を習い始めました。

あるとき瞑想のなかで「ありのままの自分を受け入れろ。馬鹿でも、ブスでも受け入れろ。悪いものも良いものも全部受け入れろ。丸ごとの自分を愛せ。悪いものと良いものを全部書き出せ」というメッセージがきました。

まず瞑想をしながら、悪いところを片っ端から書き出してみました。ブス、性格悪い、嫉妬深い、人の目を気にする、姉と比べる、お金にルーズ……、次から次と嫌になるくらい出てきます。次に良いところを書こうとしたとき、最初はそれほど思いつかないだろうと思いましたが、いざ書きはじめてみると、悪いところ以上に出てきたので驚きました。やさしい、思いやりがある、親切、直感力がある、くよくよ悩まない、楽観的、元気がいい、初めての人でも気軽に話せる、あきらめない、負けず嫌い、温厚、聞き上手、素直……。書いていると、「私って、本当はこんなに素晴らしいんだ」と心から納得できたんです。

それからは3カ月、毎朝毎晩「ありがとう」を唱え続けました。その次に「私はありのままで素晴らしい」も加えて唱え続けました。気づいたら「素晴らしい私だったら、どういう行動をするかな?」と考えるようになっていたのです。

こんなことも気づきました。私は子どものとき、何度かお年玉を電車で落としたことがあります。それで「お金を持つと落とすから使ってしまおう」と考えるようになったことが蘇ってきたんです。欲しいと思ったらすぐ買ってしまうため、お金が貯まらなかったことにも気づいたんです。

それからは、何か買おうと思ったとき、本当に欲しいのか、みんなが持っているから欲しいのか、流行っているから欲しいのか、自分のハートに聞くようにしました。すると、欲しいと思っても本当は要らないことに気づき、お金を使うことが減っていきました。

私は祖母からの隔世遺伝で透視力があります。でも、劣等感を持ったセラピストなんてダメですよね。姉を見ていて、心が満たされていると劣等感や嫉妬心を持つことがなくなると気づきました。これまでは、姉と比べて自分は足りないと思っていたので劣等感や嫉妬心を持ちやすかったのです。でも、「ありがとう」と「私はありのままで素晴らしい」を唱えていると、劣等感や嫉妬心が湧かなくなります。

それでも劣等感や嫉妬心が出てきてしまうのではないかと思う人がいますが、それは口先だけで唱えていて、しっかり心の奥に落とし込んでいないからです。

3章

「ありがとう」「ありのままの自分で素晴らしい」のパワーを実感

私のもとには、「○○（自分の名前）は、いい人をやめると決断します。○○（自分の名前）さん、ありがとう。私はありのままで素晴らしい」を唱える実験に参加してくださった方たちから、たくさんの素晴らしいエピソードが全国から次々と寄せられています。そのなかには、幸せを引き寄せるヒントがたくさんあります。いくつか印象的なエピソードを紹介します。

なお、はじめから暗記するのは苦手という方は、この章の最後に、自分の名前を書き込む頁（110頁）があります。そこにご自分の名前を書き込み、その部分を見ながら唱えることをおすすめします。

☆自分に「ありがとう」と言うのにとても抵抗があった

「いい人でいよう、良く見せよう」と思っていた僕は、相手によって態度を変えるのは誰でも普通にやっていることだし、自分を守るためには普通のことだと思っていました。相手に「ありがとう」と言っていても、それは自分を偽っているようで、とりあえず口先だけで言っておこうという感じでした。

ましてや自分に向かって「ありがとう」を言うのは、とても薄っぺらなことで、ものすごく抵抗感があったのです。

僕は子どものころから、強い相手には気に入られようとしたり、怒らせないようにうまく逃げたりして、自分を守ってきました。逆に、弱そうな相手には自分のエゴを押し付けたり、いじめたりすることもありました。そして、そんな自分に気づかれないように、いい人を演じるようなところもありました。でも、そんな自分でいることが辛くなってきたのです。

それが原因だとは気づいていませんでしたが、体が不調で気持ちが重たくなる日が増えていました。そんなとき、会社でお金がないと騒動になり、なんと僕が疑われ、泥棒呼ばわりまでされてしまったのです。

結局、お金は出てきて僕が犯人じゃないことはわかりましたが、謝罪の言葉はありませんでした。そんなこともあって会社の人間関係がうまくいかず、仕事を変えましたが、そこでも人間関係がうまくいかず鬱々しているうちに、完全に体調を崩してしまいました。

病院で診断を受けると、なんと余命3カ月と言われたのです。一気にどん底に突き落とされ、このままだとやばい、もう自分を偽るのをやめようと本気で思ったんです。

それまでの僕は、何をしていても不安で、相手が悪いから、環境が悪いからと不満を膨らませ、相手が変わってくれたら、この環境が変わったらうまくいくのにと勝手に思っていました。そんな悪循環をくり返す負のループにはまり込んでいることにようやく気づいたんです。

「誰かのせいにするのはもうやめよう、人の顔色を見て過ごす人生なんて僕には必要ない、自分の思った通りに生きたい」。そう心に決めた瞬間、自分に「ありがとう」を唱えてみようという、ちあ魔女の言葉が心にストンと落ちたんです。

ちあ魔女からもらったメールには、「私は人によって態度を変えるなんてこと、したことがないわよ。そんなことしているから病気になったのよ。それを変えたらいいんじゃないの？　まず、いい人やめると決めたらいいよ」と書かれていました。

人によって態度を変えるのが当たり前になっていたので、態度を変えないってどういうことだろう？　誰にも同じ態度でいるってことだろうか？　そんなこと難しいんじゃないか？　実際にはどうすればいいんだろう？……今ひとつピンときません。

でも、ちあ魔女から教えてもらった「〇〇（自分の名前）は、いい人をやめると決断します。〇〇（自分の名前）さん、ありがとう。私はありのままで素晴らしい」をくり返し唱えていると、これまでの僕は、いい人ぶって、カッコつけて、本音は言わずに自分をごまかしていたから苦しくなったこと、挙句に病気にもなっていたことがやっとわかってきました。そんな自分を何としても変えたいという思いが湧いてきたんです。

いい人をやめて本当に大丈夫なんだろうかと一瞬思いましたが、変われるのなら素直にいい人をやめてみようと思いました。

病院で診断を受けたあと、そのまま入院し寝たきりになりましたが、ベッドでくり返し唱えているとき、不安が消えないのは感謝が足りないからだと気づきました。

「生きることは、感謝の上に成り立っている。感謝を忘れると、人は落ちぶれる。常に感謝を忘れない人は生きていることに感謝し、自分らしく生きている。それが本来の自分なんだ。不安を感じるのは感謝が足りないから。

自分の未来をどうするかを決めるのは自由である。自分の道に旅立とう！」

これが、僕が瞑想でもらったメッセージです。

これまでの僕は感謝とは無縁でした。いつも文句ばかりで、あれが足りない、これが足りない、そんなことばかり思っていたから、「ありがとう」と心から言ったことがなかったと気がつきました。

するとそれまで苦手だった医師が優しくなったと感じました。自分が変わったからなんですね。私が笑顔で接したら、みんな、その倍の笑顔を返してくれます。世の中の人が輝いて見えます。何気ない気遣いを温かく感じます。生きているのがすごく楽しくなります。

今までは人と仲良く接するって、めんどくさいと思っていました。でも、自分から心を開いて感謝をすると、「ありがとう」のエネルギーが心にチャージされ、相手からも感謝されます。相手とのやり取りも自然とポジティブになります。

体のことは病院にいても不安でたまりませんでしたが、完全に治り、医者が奇跡だと驚いている場面をイメージしました。心が変わると体も劇的に変わるんですね。余命宣告されていたのが嘘のように完治しました。3年がたち再発もなく元気に過ごしています。

☆唱えていたら、めまいが消えた！

私は今までずっと、自分の気持ちを無視して相手に無理に合わせていました。それは、いい人だと思われたかったからだと思います。だから、人と会うと疲れる、大勢の中にいるとクタクタになる、自分だけ楽しめていないと感じていました。結局、人と会うのが億劫になり外に出たくなくなる、体を動かさないから体調がすっきりしない、いつも他人の目が気になり、嫌われたらどうしようとおどおどしている、そんな毎日を過ごしていました。とうとう体を壊し、めまいに襲われて寝込むようになったんです。

あちこち病院に行っても原因はわからないと言われ、体調が悪いまま毎日寝ているという生活が続きました。

途方に暮れていたときに、「いい人でいようとして体調を崩した」という門さんのお話を聞いて、私にも当てはまると思いました。

いい人って、親にとっては育てやすい楽な子、誰かにとっては都合がいい人ってことじゃないだろうか？　それじゃ、私って誰なの？　そんな生き方をしていたから体調を崩したこと、心の奥には「自分はダメだ」という劣等感が居座っていることに気がついたんです。

「○○（自分の名前）は、いい人をやめると決断します。○○（自分の名前）さん、ありがとう。私はありのままで素晴らしい」をくり返し唱えてみました。しだいに自分の気持ちを優先できるようになり、体はどんどん軽くなりました。

３カ月唱え続けていたら劣等感も薄れていることに気づきました。そして不思議なことに、めまいがほとんどなくなったんです。あんなに体調が悪かったのは、何だったのだろうと思うぐらい、元気になりました。朝はすっきり起きられるようになったし、外出もできるようになりました。自分を偽らなくなって楽になり、毎日がとても楽しいです。

病気って、自分の心が作っているんだと気づきました。もう病気はご免なので、自然体でいるように努めようと思います。

☆このままの自分をさらけ出してもいいんだ！

私は、子どものころから「いい子でいないといけない」と思い込んでいて、大きくなってからも「きちんとできなきゃいけない」「失敗したらダメだ」「正しくないといけない」「完璧じゃないとダメだ」とずっと思ってきました。

ところが、いくら頑張っても「まだ足りない、まだ足りない、もっとやらなきゃ、もっとやらなきゃ」という思いが襲ってきます。ちょっと失敗しただけでも自己嫌悪に陥ってしまいます。誰かにほめてもらっても素直に喜べず、いつも不安でたまりませんでした。

そんなふうに生きるのはしんどくて、これは本当の自分じゃない、今の自分は大嫌いだと思っていたんです。それが周りにも伝わっていたのでしょう、付き合いづらいので周りからは距離を置かれていました。そんなときは、どうせ私のことは理解してもらえないからいいんだと自分を納得させました。

ところが、自分に「ありがとう」、「私はありのままで素晴らしい」と唱えていたら、肩の力が抜けていく感じがしたんです。そして、あるとき、「完璧でなくたっていいんだ、失敗したっていいし、またチャレンジすればいいんだ」と思えたんです。生きるのがとっても楽になりました。

このままの私をさらけ出していいんだと思えるようになると、不思議と楽しいことが増えてきました。素敵な彼にも出会えて、今はとても幸せな毎日を送っています。人生って、心ひとつなんですね。

☆自分を好きになるだけで人生はこんなに違う

私のことを話したら「そこまで気にすることないよ」って言われそうですが、私は何より自分が嫌いでした。どんな些細なことにも心が引っ掛かり、苦しくてたまらなかったからです。

服の裾上げをしてもらったら左右が違う。新品のストッキングなのに穴が開いている。お寿司屋に入ると軍艦巻きに髪の毛が入っている……。そんなふうに自分ばかり変な目に遭うのは、ダメな運の持ち主だから、不幸体質だからとあきらめていました。

そんな自分はダメ人間だから、友達もいっしょにいるのが嫌だろうと思い、自分から距離を置きました。今振り返ると笑えますよね。

ちあ魔女と出会って心の勉強をしていくうちに、自分が出している周波数に問題があることに気づいたんです。自分を嫌っていると、マイナスの周波数が出て、それに対応する出来事に遭遇しやすくなる。すべては自分から始まっていた。そのことに気づいたときは本当にショックでした。

でも、周波数を出しているのは自分なのだから、その自分が変われば周波数も変わり、すべてが変わるはずだと気づいたんです。ちあ魔女からも「だったら自分を変えたらいいよ、誰だって変えられるから」と言われて、まずは、いい人を装って自分を偽ることをやめようと心に決めました。どうせ何をやってもうまくいかなかったんだから、開き直ってやってみようと思ったのです。

「〇〇（自分の名前）は、いい人をやめると決断します。〇〇（自分の名前）さん、ありがとう。私はありのままで素晴らしい」そう唱えてみたら、涙が流れてきて止まらなくなりました。心の奥にある「自分はダメだ」という劣等感に気づかず、自分を偽り、いい人でいようとして無理をしてきた。自分で自分の人生を辛くしていた。そんな今までの自分が悲しくて仕方なかったのです。

最初は、いい人をやめるっていう感覚がわからなかったけれど、自分に「ありがとう」と「私はありのままで素晴らしい」を毎日唱えていると、不思議なことに自分を素直に受け入れることができました。

それまで自分のことが好きだなんて思ったことはありませんから、最初は戸惑いましたが、少しずつ少しずつありのままの自分を認めてあげることができるようになりました。わかり合える友人も出来て、心がすごく安定したなと感じています。

3カ月くらいで劣等感が消えたようです。何をやってもダメだと思っていた以前の自分が嘘のようで、最近は「いろいろなことに挑戦してみたい」と思っています。どうせ無理と思っていた自分が「私にもできるかもしれない」と思えるなんて正直驚きです。

自分が好きになるだけで、こんなにも感じ方が違うんですね。はっきり言って180度変わりました。自分はダメだという劣等感が心の奥に居座っていることに気づかないと、どれだけ損するか、今はよくわかります。もっともっと自分を認めてあげて、自然体でいるように心がけます。

☆自分を飾らないでいるって本当に楽ちん

私は小さいころから病気がちで体は丈夫ではありませんでした。何度も救急車に乗って病院に担ぎこまれたことがありました。生活も大変で、にっちもさっちもいかなくなり途方にくれることもたびたびでした。

相手がダメ男だからだ、そんな相手を引き寄せる自分もダメ女だと思っていました。そんな自分が嫌でたまらないのに、だからこそ、いい人と見られようと必死でした。でも私の周りに引き寄せられてくるのは、自分と似たような人ばかりです。一緒に話していると、誰かの悪口や不平、不満が多かったなと思います。「類は友を呼ぶ」とはよく言ったものです。

自分を信じていないから友達も信じられず、いつ裏切られるんじゃないかとびくびくしていました。そんな自分を振り返ると、なんかぞっとします。

あるとき、ちあ魔女から「いい人でいようとするから、うまくいかないんだよ」

と言われました。私はずっと、本当の自分を知られるのがこわいから必死に、いい人でいようとしてきたのに、今さら、そんな自分を変えることなんてできっこないと抵抗しました。

「だって、いい人でいようとしたって人生ろくなことがなかったんでしょう。人生が落ちていったんでしょう。だったら、いい人でいるのをやめてみたら？」

ちあ魔女のこの言葉にはっとして、確かにそうかもと思いました。「〇〇（自分の名前）は、いい人をやめると決断します。〇〇（自分の名前）さん、ありがとう。私はありのままで素晴らしい」を毎日唱えてみてと言われ、やってみることにしたんです。

最初は言葉が詰まって、素直に唱えることができませんでした。いい人をやめて本当に大丈夫だろうか、いじめられないだろうか、もっと孤独にならないだろうかと不安だったからです。でも、何度も唱えていると「いい人をやめてみよう。もう疲れた。こんな人生嫌だ」という思いが湧いてきました。どうせ、いい人でいようとしてもうまくいかなかったんだから、いい人を演じるのはやめようと決めるところからはじめました。

3カ月くらいで劣等感が消えたようで、いい人を装わず、自然体でいることができるようになりました。自然体ののほうがずっと楽ちんなんです。それまでの自分はどれだけ無駄なことをしていたか、心から納得できました。

ただ最初は、自分に「ありがとう」を唱えることや「私はありのままで素晴らしい」と唱えることに抵抗があり、反発したい気持ちもありました。ですから、スッと言葉が出てきませんでした。でも、いくら唱えても失うものがあるわけではないし、リスクがあるわけでもないと考え直して唱えはじめました。すると、涙が流れて止まらなくなったんです。

私は心の奥では自分を愛することを望んでいたんだ、何で突っぱねていたんだろう、そう気づいた瞬間、頑なな心の壁がはがれていくように感じました。

それからは、運気が上がっていくのがわかり、面白いほど人生が変わったんです。借金だって、きっと何とかなると思えるようになったころ、祖母の顔が浮かびました。すぐに連絡して借金のことを素直に打ち明けると、黙って肩代わりをしてくれました。資格を取るようにと言って学費も出してくれました。

毎月の支払いが何とかできるようになり、ついに返済を終えました。お陰でお金に対する不安がグンと減り、取得した資格を生かして給料の良いところに転職することもできました。

以前の私は、現実が思うようにならないからストレスがたまるし、そのために体の調子が悪くなったり病気になったりすると思っていました。でも、違いました。「自分はダメだ」という劣等感が心の奥に居座っていることが原因だったのだと気づきました。

まず、「自分はダメだ」を「私はありのままで素晴らしい」に書き換えようと思い、ちあ魔女が教えてくれたとおり、自分に「ありがとう」と「私はありのままで素晴らしい」をくり返し唱えました。

すると、ありのままの自分でいい、自然体でいようと思えるようになったんです。ストレスを感じることも劇的に減りました。

今は、とても楽です。お金に関する不安もなくなり、楽しく過ごしています。

☆いい人の根っこは「いい子」だった

以前の私はずっと、いい人を演じるのは当たり前だと思っていました。ありのままの自分を隠すために、いい人を装っているとは思わず、うまくいかないことがあると、相手が悪い、環境が悪いと思っていたんです。

ちあ魔女から、いい人でいようとするから苦しくなると言われたときも、最初は、いい人でいちゃいけないって、なぜ？　と思い、反発しました。いい人でいたいのは当然だよ。他人に何て言われるかは大事。だって嫌われるのが怖いからそう思いました。ですから、自分目線ではなく他人目線になっていることに、ほとんど違和感はなかったんです。

「それじゃ、私にとって、いい人ってなんだろうか？」と、はじめて瞑想しながら自分に問いかけてみました。すると、封印していた子ども時代の自分の記憶が蘇ってきました。それは、親の顔色を伺い、怒られないようにしている自分です。

親が望む、育てやすい「いい子」でいるために親の顔色を伺い、「いい子」を演じることが私の習慣になっていたんです。そして大人になってからは、いい人を演じることが普通になっていました。

いい人でいるために、たとえば、わからないことでも「わかりません」とは言えず、知ったかぶりをしていました。持っていないものでも「持っていません」とは言えず、持っているふりをしていたんです。いい人でいるには、そんなふうに嘘をついても仕方ないと自分に言い聞かせていたのだと思います。

でも、そうやって自分をごまかし、人をごまかしている自分がいることはどこかで感じていました。ときにはボロが出て、嘘つきとレッテルを張られてしまい、友達が離れていったこともあります。そのときは相手のせいにして、私がいい友達に恵まれないのは出会う相手が悪いから、トラブルになるのは相手に原因があるからと思っていました。

そんな私から脱することができたのは、ちあ魔女から「いい人をやめたら楽になるよ」と言われたことがきっかけです。

「あなたさぁ、犯罪者じゃあるまいし、そんなに人の目を気にして、こそこそ生きる必要なんてないんだよ。なんで、そんなにこそこそしているの？」と聞かれて、そのときは「こそこそしていますか？　これ、普通の私なんですが」と答えました。

「なんだか誰かの目を気にして生きているように見えるけど。いったい誰の目を気にしているの？」と聞かれて、私はそんなに人の目を気にしているんだろうか？もしそうなら誰の目を気にしているのだろうか？　と考えてみました。

瞑想は自分を客観的に見せてくれますが、自分の無意識とうまくコンタクトできたとき、自分はダメだという劣等感が私の心の奥深くにあること、それを隠すために「いい子」でいよう、いい人でいようとしてきたことに気づきました。それは、私にとってとても衝撃的な出来事でした。

次は、映画で観るように小さいころの父親と母親の顔が浮かびました。親は離婚しているので父親とはもう縁が切れていると思っていたのに、子どものころの父親も出てきたんです。

私の中にある、いい人でいたいという思いの根っこは、子どものころ「親に認めてもらえない自分はダメな子、だから〝いい子〟でいないといけない」と思っていたところから来ていたのです。大人になってからは、いい人でいないといけないに変わっただけでした。

子どもの私は、親から与えられたことをこなすために必死でした。「いい子」でいないと母親の機嫌が悪くなるので、母親の顔色を伺って怒らせないようにしていました。結婚して母親とは遠く離れて暮らすようになりましたが、それでも見えない糸で母親に操られている感じが常にあり、とっても窮屈で生きづらいと感じていました。

父親は世間体をとても気にする人で、子ども時代はとても厳しく、DVのようなこともありました。ですから、父親にいつ怒られるかもしれないと不安で、びくびくしていました。テストは点数が悪いと隠して、良い点数のときだけ見せていました。でも、こんなことはどこの家庭にもあることだと思うようにしていたのです。

やがて両親は離婚しましたが、私はずっと父のような人が普通だと思っていました。ですから、「いい子」でいないと安心できなかった私は、大人になっても人の目を気にして、いい人でいるようにしました。そのために嘘の自分を見せたり、見栄を張ったりすることも普通でした。

できないことがあっても、正直にできないとは言えません。他人は私の子ども時代のことなんて気にしていないのに、いい家庭で育った振りをすることもありました。本当はそうするほど、自分が嫌になり劣等感も強くなっていきました。

こんな生き方はしんどくて苦しいとわかっていても、いい人でいるしかなかったんです。ずっとそうしながら30年以上生きてきた自分に疲れていることにやっと気づきました。そんな自分が馬鹿らしくなりました。

何より、このままの私では子どもがかわいそうです。子どものためにも、いい人をやめて、自然体で生きていこうと決めました。

ちあ魔女のアドバイスで、「〇〇（自分の名前）は、いい人をやめると決断しまり返し唱えていたら、あるとき体がスッと軽くなり、ふわっと浮き上がるような感覚になりました。

さらに続けて200回くらい唱えたころです、涙があふれて止まらなくなりました。今まで、どれだけ人の目を気にして、いい人でいようとしてきたことか、それはどんなに生きづらかったことか、やっとストンと腑に落ちたんです。

同時に、本当の自分を騙して、いい人を演じ続けてきた自分も赦そう、これからは自然体でいい、ありのままでいい、そう思えた瞬間、心がすごく楽になりました。不思議なことですが、私が変わると母親も変わってきました。子どもも明るくなりました。

3カ月くらいで劣等感とさよならでき、心の風通しがとってもよくなり、自分のことが好きだという思いが自然に湧いてきました。他人の良いところにも目がいくようになり、わからないことがあっても素直に聞くことができました。以前のようにひとりで考え込みストレスになることも少なくなりました。

今ははっきりわかります。私が子どものころ「いい子」でいたいと思ったのは、「自分がダメだ」という思いの裏返しだったのです。親が忙しかったこともあり、聞き分けのない子だと言われると自分がダメだからだと思い、それが嫌でいつも我慢していました。それが癖になり、いつも親の顔色を伺いながら、「いい子ね」と言われたくて頑張っていたような気がします。

親を怒らせることはしないようにしていましたが、親の気を引きたくて逆に悪いことをしてしまうこともありました。どれもありのままの自分を親に見てもらいたかったからだと思いますが、寂しさの裏返しだったのかもしれません。

大人になってからは、知らずしらずに周りの顔色を伺い、怒らせたらどうしようとびくびくしながら緊張していました。そのストレスで、ついに体を壊してしまったのだと思います。

今は、ちあ魔女が伝授してくれた魔法の言葉「○○（自分の名前）は、いい人をやめると決断します。○○（自分の名前）さん、ありがとう。私はありのままで素晴らしい」を毎朝唱えています。さらに、「見栄も世間体もどうでもいい私は、人生を楽しみます。私は父親のために生きているわけじゃない。私は自然体で楽しく生きていきます」も唱えています（［著者より］父親の部分を母親やおばあちゃんなど、自分に合っている言葉に置き換えて唱えるといいですよ）。

お陰で「いい人」を卒業でき、自然体でいることができるようになりました。生きることがとっても楽です。

☆いい人をやめたら自分が愛おしくなった

私は親の愛情をたくさん受けて可愛がられながらのびのび育ったと思っていました。だから、いい人でいたいと思っているなんて考えたことはありませんでした。ただ、母親から圧迫感を感じたことはありますし、親の言うことを素直に聞いていても、なんだか変だなという違和感もありました。

瞑想をしていて、なぜかなと自分に問いかけていると、私ってすごく我慢して親に気を使っていたことを思い出しました。だからでしょうか、親に対して感謝する気持ちがあまりないことにも気がついたんです。なぜだろうと思い、3、4歳の扁桃体に「ありがとう」を唱えてみました（『自分の脳に「ありがとう」を唱えると不安脳・病気脳とさよならできる！』を参照してください）。最初はなんにも感じなかったのに、毎日唱えていると、ある日、泣いている小さな自分が見えてきました。

アレをしてはダメ、コレをしてはダメと言われている自分、人形遊びなんて面白くなくて、もっと外で遊びたいと思っている自分、でも親の言うことを聞くしかないと無気力になっている自分がいました。

そんなことを知らず、「あなたはいい子ね、かわいいね」と母から言われていたことも思い出しました。ずっとそう言われ続けているうちに「いい子」が私に刷り込まれたのかもしれません。

祖父から小さいころ、「あなたはママのお人形だね」とよく言われたことも思い出しました。大きくなってからは自覚のないまま、いい人でいることを当然と思うようになっていたんだと気づいたんです。

それから、「〇〇（自分の名前）は、いい人をやめると決断します。〇〇（自分の名前）さん、ありがとう。私はありのままで素晴らしい」をくり返し唱えていたら、心の奥に潜んでいた憎しみ、恨み、復讐心、嫉妬心、劣等感などが湧き上がってきました。そんなダメな自分に気づかれたらどうしようと怯えながら生きてきたことが見えた瞬間、涙が止めどなく流れました。

ちあ魔女から、「自分には醜い心があるわけない、と自分を騙すなんて必要ないよ。全部ひっくるめて自分自身。その自分を丸ごと好きになると、ずっと楽に生きられますよ」と言われ、「最初は抵抗があるかもしれないけど、醜いところも、意地悪なところも、嘘をつくところもすべて認めます。自分と向き合います。私はありのままで素晴らしい」と唱えてみてとすすめられました。

そして、「この言葉に抵抗が消えたら、ありのままの自分を好きになれていると思いますよ」と言われました。その場にいた方たちも、「私も、めちゃめちゃ抵抗がありましたし、なかなか言葉が出てこなかったよ」と言います。それでも「私はありのままで素晴らしい」を何度も唱えていたら、「そうだよね、人間だし、醜い心もあるし、意地悪もするよなぁ、嘘もつくよなぁ、でもそんな私も愛おしい」と思えるようになったというのです。

私も唱え続けていると、自分自身が愛おしくなり、もっともっと大切にしたいと思っていたのです。意地悪なところや嘘をつくところも減ってきて、苦手な人が気にならなくなりました。とても不思議ですが、頭もスッキリしました。

☆いい人をやめたらとても楽になった！

「○○（自分の名前）はいい人やめると決断します。○○さん、ありがとう。私は素晴らしい」と唱えていたら、私は人に会うたびに相手に合わせて、相手が望むようなことを言ってきたこと、そうする度に自分が嫌いになっていたことに気がつきました。だから、人と会うことも億劫になり、体調不良になってしまいました。

体調不良なら外に出なくていいし、人に会わなくてもいい。そんなふうに感じていたのは、心の奥に「自分はダメだ」という劣等感が居座っていたからだと気づきました。自分に自信もありませんでした。

くり返し唱えていると、自分が無理矢理、相手に合わせていた場面がいくつも浮かんできました。「あ〜、あのころは無理して疲れていたなぁ。もっと楽に生きていれば良かったのになぁ」と思いました。

今でもまだ、人に会うとつい〝いい人〟になろうとする自分が出てきますが、そんなときは「あっ、またキタァ〜」「キャンセル」と言っています。なんかゲーム感覚になっている気もしますが。

ただ、以前とは違うのは、人と喋っていて「今、いい人になろうとしてないか？」と意識できるようになったことです。いい人でいなければいけないと思うより、いい人でいなくてもいいと思うだけで、こんなに楽なんだと感じます。

3カ月くらいで劣等感とさよならでき、これまでは自分軸がまったくなかったことにも気づきました。これからは、ありのままの自分を基軸にして自然体でいられそうです。

新たに「もっと楽しむ、もっと楽しむ。自然体だと、楽しい未来が待っている」も追加して唱えています。「もっと楽しむ」を唱えていると、ハートがざわざわしてきます。「楽しんじゃいけない」と楽しむことを否定する自分が心の奥にいるようです。これも「もっと楽しむ」を唱え続けたら変わるにちがいありません。

☆自分の気持ちや感情を大切にしていなかった！

「○○（自分の名前）はいい人やめると決断します。○○さん、ありがとう。私は素晴らしい」と唱えていると思い出したことがあります。

それは、仕事で忙しい両親に代わり、祖父母が私の面倒を見てくれていたときのことです。そのころから、私は大人の顔色や態度を敏感に察するようになり、怒られないように「いい子」にしていました。それが大人になると、いい人になっていったのだと思います。

そう考えると、私の〝いい子〟〝いい人〟歴は長いなぁとつくづく思います。

でも私は、自分は人の気持ちを敏感に感じて察することができるので、うまく生きられると思っていました。

それが、「○○（自分の名前）は、いい人をやめると決断します。○○（自分の名前）さん、ありがとう。私はありのままで素晴らしい」と唱えていると、私が察していたのは、人の気持ちではなく私の思い込みによるものだったと気がついたんです。

〝いい子〟〝いい人〟でいたかった根っこは、私自身の中にありました。そのことがわかってから、仕事上の人間関係でのストレスが軽くなりました。

以前なら、いい人の私は何も言えなかったけれど、今は勇気を出して言えます。ちょっとした嫌がらせがあることもありますが、言えた自分を良しとすることができますし、相手の目もそれほど気にならなくなりました。

☆いい人でいたいと思ってどうしてダメなの？　が解けた

私には「いい人やめる。ありのまま、自然体が一番」という言葉がいちばん唱えやすいと思ったので、これをくり返し唱えてみました。すると、親から、あれはダメ、これはダメと言われて、自分の意見は通らないと感じている自分がいたことを思い出しました。また、姉がよく怒られている姿を見ながら、私は怒られないように「いい子」にしていようと思ったことも思い出しました。

私の両親は離婚しましたが、片親になってからは、もっと「いい子」でいないと周りから舐められると思うようになりました。また、転校が多かったため、必要以上に自分を取り繕うようになったのです。クラスメイトや先生から「いい子だね！」と言われると〝いい子チケット〟をもらった気分になります。そのチケットをたくさん集めることが私にはとても大事なことになっていました。

もちろん、人から批判されたり、悪口を言われたりしないように、いつも周りの目を気にしていました。

そんな私にとって、いい人でいるのがいちばん得だし、安心できると思っていたことに気がついたのです。

ところがある日、言葉を唱えていると、それでも、いい人でいたいと思ってどうしてダメなのという思いが出てきました。そのときは唱えるほどイライラしました。どうしてだろうと思っていると、父親の顔が浮かびました。

普段は人が良さそうにしていましたが、やくざ映画が好きな父親は怒ると怖くて近づけませんでした。とても二面性の強い人だったのです。私にもそんな父親に似たところがあったのだと気がつきました。高校時代は友人間のトラブルが多くなり、陰では「一見いい子なのに腹黒い」とうわさされたこともあります。

大人になってからも、そんな自分を気づかれないように、ますますいい人を演じていたのです。そうだったと気づいたとき、これからはありのままの自分でいいんだという思いが湧いてきて、とてもワクワクしました。それからは自然にいい人ぶる自分を手放せるようになりました。今は、とても自然に人と接することができています。

ちあ魔女に教えられた「私は逃げずに自分と向き合い、ありのままの自分を愛します」「醜いところも、意地悪な私も、嘘をつくところも認めます。自分と向き合います」を唱えていたときのことです。心の栓が取れたように、どす黒いものが吹き出してきたように感じて、そのあと気分がスッキリしました。

子どものころ、何か賞を取るとか、特別いいことをするとかでないと親に関心を持ってもらえないし、ほめてもらえないと思っていたことも思い出しました。その影響だと思いますが、大人になってからも何か結果を出したときしか自分を肯定できなくなっていたことに気がつきました。

そうでないときの自分は素晴らしくないのか？　自分はどこかで分裂しているのではないか？　と自分に問いかけていると、どんな自分も認めていい、うまくいかない自分も自分なんだと思えたのです。とても気持ちが楽になりました。

ちあ魔女のすすめで自分のいいところを書き出してみたことがあります。以前だったら嫌いなところしか思い浮かばなかったでしょうが、こんないいところもあると素直に受け入れることができました。自分が変わったことを実感しました。

でも「自分の顔は嫌いです」とちあ魔女に言ったことがあります。そのときは、「私は○○に対する隠れ憎しみを癒す決断をします」の○○に思いつく言葉を入れて唱えるといいよとすすめられました。

そこで、「私は母親に対する隠れ憎しみを癒す決断をします」「私は父親に対する隠れ憎しみを癒やす決断をします」、それから今まで出会った先生、友人、会社の上司、親戚と思い浮かぶ人に置き換えて唱えてみました。

一つを十数回唱えましたが、しだいに心の奥にこびりついていた憎しみが剥がれていく感じがして気持ちが晴れ、体が軽くなるのも感じました。

1時間ぐらいは唱え続けたでしょうか？　一通り終わったところで、ちあ魔女から「顔を見てきて」と言われ、鏡に映った自分を見ると別人のようでした。ちあ魔女から「顔が嫌いなんじゃなくて、顔に出た憎しみを見るのが嫌だったんだよ」と言われ、とても腑に落ちました。自分の顔が、そして自分が好きだと思えた瞬間でした。

―自分の名前を書き込み唱えてみましょう―

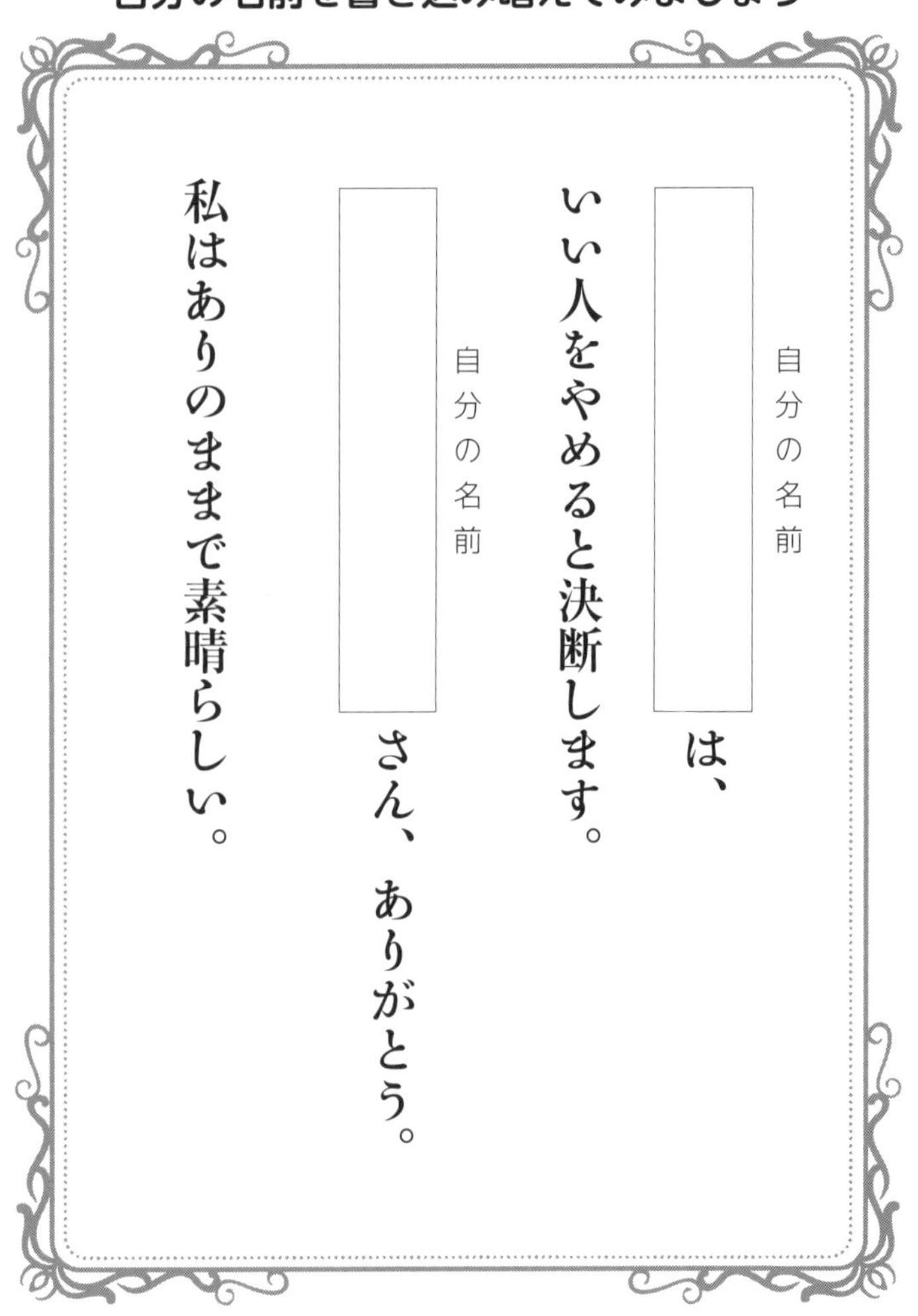

自分の名前　は、

いい人をやめると決断します。

自分の名前　さん、ありがとう。

私はありのままで素晴らしい。

4章

人生をつくっている「前提」を変える!

人生は無意識、無自覚に前提によって左右されている

ここまで読んでくださった皆さんは、心の奥に居座っている思いが、いかに人生を左右しているかに気づかれたと思います。それがポジティブなエネルギーを持つ思いであれば幸せに暮らせますが、ネガティブなエネルギーを持つ思いだと、せっかく頑張っていても結局、幸せは遠ざかっていきます。

私は、そのように心の奥に居座り、人生を左右している思いを「前提」と呼んでいます。そのことに気づかないままでいると、人生のバランスが崩れてきます。ですから、自分は心の奥にどんな「前提」を持っているのかに気づくことがとても大事なのです。

このようにお話しすると、はじめて聞かれた方から「結婚を前提に付き合ってくださいって、昔彼に言われたなぁ。ということは、前提って予定ってことかな?」と質問されたことがあります。そういう意味だけではありません。心の奥

底にある、いろんな思考や感情の根っこになっている思い込みのことです。

とくに私たちが当たり前のこととして無意識に行っていることには、この「前提」がそのまま現れているのです。

すでにお話ししましたが、私がいい人をやめたらいいよとお話ししますと、いい人でいることが当たり前のスタイルになっている人ほど、「なんでそんなことを言うの?」と反発してしまいます。しかし、「前提」のことをわかりやすく説明して、自分の心の奥の奥を探ってもらうと、「自分はダメだ」という劣等感が「前提」としてあることに気づかれることがよくあります。

くり返しますが、私たちの人生は、無意識、無自覚にこの「前提」に左右されています。「前提」が人生をつくっているともいえます。もちろんその中身はいろいろですが、とくに私たちを苦しめるのはネガティブな「前提」です。

そのことに気づかないまま過ごしているから、幸せを感じられない、運が悪い、何をやってもうまくいかないと思ってしまうのです。ときには病気になってしまうこともあります。

「自分はダメだ」が前提になっていないか？

私の師匠は、90％くらいの人は20歳前後までに「自分はダメだ」という「前提」を心の奥に持ってしまうと言っていました。数字の根拠は不明ですが、私もいろんな方たちに接していると、たしかにかなり多いと感じます。

たとえば、東大を卒業したのに自信がないと言うので、「東大に入れるのは普通の人より頭がいいからですよね。それとも、自分は頭が悪いって思っているんですか？」と聞いてみたことがあります。「東大に行くとみんな頭がいい。研究室に入ったら毎年頭がいい人が入ってきて、劣等感でいっぱいになってしまった」とおっしゃっていました。

こんな方もいました。「私は一浪して東大に入りました。でも弟はストレートで入ったから同級生になってしまったんです。だから、弟に劣等感があるんです」。私から見たら、一浪だろうが東大に入るほど頭がいいと思うのですが、本人は自

信を持てずに苦しんでいました。もったいないですね。

東大に入れば、いい人でいられると思ったのでしょうが、自分の「前提」が「自分はダメだ」であるため、〝できていること〟より〝できていないところ〟にばかり目が行き、自信を持てずに苦しんでいるのです。

自分はダメだけど、できないと思われるのは嫌だからできた振りをしよう。自分はダメだけど、かっこよく見せよう。もしくは自分はダメだから自分の意見は我慢して周りに合わせよう。

これでは、誰だって疲れますし、幸せを感じることはできないでしょう。ときには病気になることもあります。

仕事をしていて難しい課題が出てきたとき、「自分はダメだ」が「前提」になっていると、どうせダメだろうなと思いながら仕事をします。そのためにうまくいかないのに気づかず、「どうせうまくいかない」と落ち込んでいきます。たとえうまくいっても、「たまたまだ」「まぐれだ」と思ってしまうから、次はうまくいかなくなってしまいます。素直に喜べばいいのですが、喜んでしまうと、次にうま

くいかないことが心配になってしまうという方が多くいます。もったいないです。90％くらいの人の前提が「自分はダメ」になっているなら、それを「私は素晴らしい」にしてしまえば、人生はまったく変わってくるはずです。それには、「私は素晴らしい」を何度も唱え続けるだけでいいのです。

うまくいっている人の前提を観察する

「私は素晴らしい」が前提になると、最初からうまくいくはずだと思っているので、うまくいくことが多いのです。たとえうまくいかなかったとしても、やり方を変えてもう一度トライすることで、結果としてうまくいくことが多くなります。

人にほめられたときも同じです。「自分はダメだ」が「前提」になっていると、どうせお世辞に決まっているとか、何か下心があるのではと疑ってしまい、素直に喜べません。これでは人間関係もうまくいかないでしょう。

「私は素晴らしい」が「前提」になると、ほめられたときに素直に喜ぶことがで

きます。もっとほめられようと頑張ることで、どんどん良い成果が出ます。
病気についても、「元気で長生きする」が「前提」になるのと、「私はダメだ、治らない」が「前提」になるのとでは、まったく違います。不安は病気を悪化させますが、「私はダメだ、治らない」が「前提」だと、悪化したらどうしようと思ってしまい、不安がどんどん膨らんでいきます。不安になるから悪化する、悪化するから不安になるという負のスパイラルにはまってしまうのです。
いろいろやってみて努力しているのにうまくいかないとしたら、自分の「前提」がどうなっているか探ってみてください。うまくいっている人を観察していると、「私は素晴らしい」「私はうまくいく」が前提になっていますよ。

自分の心の奥にある「前提」を確認する

もう少し「前提」について説明します。
「頑張っているのに、うまくいきません。いろんな成功法則を探してやってみた

けれど、やっぱりうまくいきません。どうしたらいいですか？　私、何をやってもダメなんです」と質問されることがよくあります。

最後の「私、何をやってもダメなんです」という言葉に、その人の「前提」が現れています。それをそのままにして「どうせダメだけど、やれと言われたから、とりあえずやってみよう」とか「うまくやりたいし成功したいけど、どうせ今度もダメだろうと思いながら、ひとまず頑張ってみよう」では、なかなかうまくいきません。

それは、方法の良い悪いではなく、「私はダメだ」が前提になっているからです。そこまで自分はダメだと思ったことはありませんとおっしゃる方もいますが、それが心の奥に「前提」としてあることに気づいていないだけかもしれません。

カフェをやりたいと夢を語ってくれた方がいました。「仕事で人間関係に疲れたのでカフェをやりたいんだ。自分のカフェなら人と関わらなくていいし、好きなコーヒーだけいれるのは癒される。自分の店を持って、自分のコーヒーを飲むって幸せだよね」。この話を聞いて、皆さんならどう思われますか？

じつは、この方のお話にはお客さんが出てきませんでした。「美味しい」と言っているお客さんの笑顔が見たいというビジョンが欠けています。その後、彼はカフェをオープンしましたが、案の定、閑古鳥が鳴いていたそうです。

まず、「私は素晴らしい」という前提を心の奥に落とし込むことが必要なのです。さらに、自分がいれたコーヒーを美味しいと言ってくれるお客さんの笑顔をイメージしてみます。そうすることで、カフェの成功率は格段に高くなると思います。

成功本をたくさん読んでいて、私の本も何冊か読んでくださっている方がいました。自信もありそうでしたが、その割にあまり成功していないようでした。それで、「本をたくさん読む前提は何ですか？」と聞いてみました。すると、「知識を身につけるため」という答えが返ってきました。

「成功したいわけじゃなくて、知識を身につけるためですか。知識を持ったところで成功するとは限らないですよね。どうして成功するために読まないんですか？」

と聞いてみました。

続けて、知識をたくさん持ったとしても、「私はできる」という前提がないかぎり、うまくいかないことが多いですよとお話しすると、しばし無言のあと、そんなふうに考えたことがなかったと納得されたようでした。
この本を読んでくださっている皆さんも、ご自分の「前提」を確認しながら読んでみてくださいね。たとえば、「私はこの本を元気になる前提で読みます」と決めて読んでみてください。そして、「私（名前　　　　　）は、この本を、人生を謳歌するために読みます」とか「私は、自然体で人生を楽しみます」、「元気で長生きするために読みます」と唱えてみるといいですよ。
「人生を楽しむためにはどうすればいい？」とか「長生きするためにはどうすればいい？」と、自分に質問を投げかけてみることもおすすめです。こうすると、脳は自分で答えを探そうとします。
ここからは、自分の前提を変えることで素晴らしい体験をした方たちが伝えてくれたお話を紹介します。

☆「もう少し頑張ってみよう」と心から思えた！

私は、自分は頭が悪くて勉強ができないと思い込んでいました。それは「自分はダメだ」が前提になっているからだったんです。自分に「ありがとう」と「私はありのままで素晴らしい」を唱えながら、「やればできるとしたら、どうする？」と自分に質問してみました。すると、「もう少し頑張ってみる」と決めることができたんです。

そう決めたら、驚くことに勉強を見てくれる先輩が現れました。勉強は楽しいと思えるようになってきて、なんと成績が上がったんです。

☆結婚する前から離婚が前提になっていた！

私の親は、いつも夫婦喧嘩が絶えませんでした。「あんたもお父さんみたいな人と結婚しちゃだめだよ。相手を間違えたら結婚は墓場だよ」が母親の口癖。結局、両親は離婚して、母親が私を育ててくれました。

私は成人して結婚しましたが、母親と同じように離婚してしまいました。それは相手が悪かったからだと自分を納得させていましたが、結婚する前から、私の中には母のように、いつ離婚してもいいように備えておこうという思いがあったのです。

そんな前提が心の奥にあるとは気づいていませんでしたが、ちあ魔女に教えられて自分の中の前提を探っていくうちにわかりました（前提は意識をしないとなかなか気づけません）。

「結婚する前から離婚するが前提になっていたら、離婚しちゃうでしょう?」と、

ちあ魔女からも言われました。親の離婚を見ていたので、それが私の中では当たり前の前提になっていたのです。

ある方から、自分たち夫婦は結婚して30年になるけれど一度も喧嘩をしたことがないというお話を聞きました。そんな人もいるんだとびっくりしました。私の場合は、自分の前提を変えないと、何度結婚してもうまくいかないとやっと気づいたのです。

自分に「ありがとう」、「私は素晴らしい」そして「一生添い遂げる」を唱え続けながら、どんな夫婦になりたいか書き出してみました。

思いやりがあって、飾らない人がいいな。なんでも相談できる人がいいな。同じ趣味の人がいいな。3歳くらい年上がいいな。同じ地方の人がいいな……。思いつくことをどんどん書き出して、そういう人と一緒にいる自分をイメージしてみました。

お蔭さまで今は、いい人に出会えて夫婦円満です。感謝です。

ネガティブな思いが湧くときは「前提」を変えるチャンス

どんな「前提」が心の奥にあるかで、人生は大きく変わります。「自分はダメだ、価値がない」が「前提」になっていると、せっかくアドバイスをもらっても、そんなんでうまくいくはずがないと無意識に否定してしまいます。そんなアドバイスがうっとうしくなり、ネガティブな「前提」で生きているような人に自分から近づいていきます。

そのままでいると、的外れなことに執着したり、病気になったり、貧しくなったり……、何をやってもうまくいきません。「どうしてこうなるんだ」と不満が募るばかりです。

たとえ一時うまくいっているようでも、運気が落ちてきます。幸せをつかむには、自分の心の奥に潜んでいるネガティブな「前提」に気づいて、それを書き換えるほうがいいのです。

じつは、ネガティブな思いが湧くのは、自分の「前提」に気づかせ、それを書き換えましょうという潜在意識からのサインであることがあります。ですから、ネガティブな思いが湧いてきたら「私は素晴らしい」に「前提」を書き換えるチャンスだと思ってください。すぐ、自分に「ありがとう」、「私は素晴らしい」を唱えてください。

もう一つやってみてほしいことがあります。自分の前提が「私は素晴らしい」に変わったら私の人生はどうなるだろうと、自分に質問してみることです。この質問をくり返していると、脳はその「前提」に相応しいことを考えて答えようとします。それが「前提」を書き換える助けになりますよ。

それでも難しいと思う場合は、『自分の名前に「ありがとう」を唱えるとどんどん幸運になる！』（コスモ21刊）の付録にある音声を利用してみてください。「前提」に集中しやすくなりますよ（二次元コードで聞くことができます）。

あるいは、『自分の脳に「ありがとう」を唱えると不安脳・病気脳とさよならできる！』（コスモ21刊）でお伝えした、自分の扁桃体をイメージして「ありがと

う」を唱えてみることもおすすめです。体験者からは、「これまでは、器にたまった水を見て上澄みがきれいなので水全体がきれいだと思うように、心の表面だけ見ていて奥にある前提がよく見えていませんでした。でも、自分の扁桃体をイメージしながら『ありがとう』を唱えているうちに気づきました。もう大丈夫です」という感想がたくさん寄せられています。

大事なことは、これまでの人生を左右してきた「前提」に気づき、ネガティブな「前提」をポジティブな「前提」に書き換えることです。人生が１８０度変わりますよ。

先ほど、前提を書き換えて人生が大きく変わった方たちの声を紹介しましたが、もう少し紹介します。

☆「不幸のままでいい」が前提になっていたことに気づく！

僕は無能だと思ってきましたが、その前提は何だろうと自分に問いかけてみました。最初は何も思い浮かびませんでしたが、くり返して質問していると「無能だと思っていたほうが楽だから」という思いが前提になっていることに気がつきました。

いい人でいたいと思ったのも、無能な自分を知られずにすむからだったのです。

次に、思い浮かぶことを片っ端から書き出してみました。驚くくらい言葉が出てきましたが、最後にそれらをつなげてみました。

「無能なほうが誰かにやってもらえる」→「努力しなくてもいいので楽だ」→「自分でやって失敗する心配がないので安心」→「自分が成長したら手伝ってもらえなくなる」→「ダメな自分に浸っていたい」→「皆が同情してくれるのが心地いい」→「こんな自分は一生変えられない」……

「なんだ、これは？」と驚くほど、訳のわからない思いが心の奥に潜んでいたんです。それらの根っこには「自分は無能だ」「自分はダメだ」という劣等感が「前提」になっていることがはっきりとわかりました。

ちあ魔女から、「やりたいことは何？」と聞かれたことがあります。音楽がいいなとか、ひとり旅がいいなとか思い浮かびましたが、本当にやりたいことは何か考えてみても思い浮かびません。

すると、ちあ魔女が「幸せをイメージしてみて」と言います。でも、思い浮かびません。思い浮かばないというより、幸せをイメージしたくない、不幸な自分に浸っていたほうが楽だと思っていることに気がつきました。とてもショックでした。

ちあ魔女に「幸せになるのが嫌いって、頭に浮かんだんです」とおそるおそる伝えたら、「今、何歳児の自分に言ってるの？」と聞かれたので、思い浮かんだまま「三歳児」と言いました。

三歳のときの親は、仕事をしていて忙しく、僕が困っていないと構ってくれま

せん。僕が不幸でないと愛してくれません。そんなイメージです。しかも驚くことに、27歳になった今も心の奥に「不幸のままでいい」という思いが居座っていたのです。

そのことに気づいた瞬間、体の重さが一気に抜けて軽くなるのを感じました。ところが、心は重たいままでした。「お母さんの馬鹿野郎！　なんで愛してくれなかったんだよ！」と文句を言いたくなりましたが、「今、僕は何歳なんだ？」と思ってやめました。

本当に驚きです。「僕が不幸でないと構ってもらえない、愛されない」という三歳のときの思いが27歳になった今も心の奥に居座っていたのです。それが「不幸のままでいい」という前提になって僕の人生を左右していることに気がつきました。

大切なのは、幸せになりたいと思っている27歳の今の自分なのだと思えた瞬間、その日がちょう

ど母の誕生日であることに気づきました。
何も用意していませんでしたが、大急ぎでケーキを買って母に会い、「これまで、ありがとう」と告げました。とても喜んでくれる母の姿を見ていたら、母が悲しむ姿はもう見たくない、僕がもっともっと幸せになって母の喜ぶ顔を見たいと素直に思えたのです。自分の中の前提がまちがいなく変わったことを実感しました。

ちあ魔女コメント

この方は、自分の前提が変わったとき、親の仕事を継いでみたいという考えが頭に浮かんだそうです。今は家業を手伝っていますが、とても幸せだと知らせてくれました。

脳には受信機の働きがありますが、とくにそばでよく接している人の思考を強く受信します。親子が似ているのは遺伝的な要因もあるでしょうが、そうした脳の特性により親の思考や感情を受信してしまうからだと思われます。

夫婦が似てしまうのもそのためでしょう。ですから、どんな相手を選ぶかで、

その後の人生は変わってしまうのだと思います。ましてや、「自分はダメだ」と思っている人と一緒にいたら、自分もそうなっていきやすいのです。

親子については、お母さんの前提が「自分は素晴らしい」になっているかどうかで、子どもの自己肯定感は違ってきます。もし、「自分はダメだ」が前提になっているとしたら、知らないうちに子どもの自己肯定感を削り取っているかもしれません。

子どもは親の言うことをなかなか聞かないものですが、親のやることを真似て育ちます。

とくに、年少のころほどお母さんの前提に影響されます。ですから、子どものためにも自分の前提を探り、「自分は素晴らしい」に書き換えることをおすすめします。

脳は情報を選別している

脳は自分に必要な情報かどうかを判断し、必要な情報だけを受信するようになっているといいます。何を基準に判断しているのかは解明されていませんが、私は経験上、心の奥にある「前提」が作用していると考えています。

だとすれば、「自分はダメだ」が前提になっていると、脳はネガティブな情報に反応して受信しやすくなります。たとえば、不景気や人の不幸に関する情報を受信しやすく、うまくいったことやハッピーなことに関する情報にはあまり反応しません。

子どものころ親がお金で苦労をしている姿を見ていて、「お金では苦労する」が「前提」になってしまったという方がいます。それでもいい人でいたいのでお金のことは気にしないようにしていたそうですが、その「前提」が作用して、脳は貧しくて苦労するような情報に反応しやすくなっていたのだと思います。

実際、その方が関わる相手はお金に困っていることが多く、ますますお金で苦労する羽目になったといいます。お金が貯まる情報にも関心がなかったそうです。

他にも子どものころ嫁姑の争いを見ながら「人間は醜い」が「前提」として刷り込まれてしまったとします。それでもいい人でいたいので、人とは差し障りなく接していますが、そういう人の脳は、人間関係がうまくいかないという情報にばかり反応しやすくなります。本人の人間関係も、うまくいかないのは当たり前と思っているので長続きしません。

あるいは「体が弱い」が「前提」になっている人の脳は、病気が悪化したという情報や病気になったら治らないという情報によく反応します。逆に、病気が奇跡的に完治したという情報があっても脳は反応しにくいのです。

「年をとってボケてくると治らない」が前提になっていると、脳はボケに関係する情報によく反応します。自分もボケるかもしれないと不安になりますし、周りにはそういう人が引き寄せられてきます。逆にボケが改善したとか完治したという情報があっても、脳は反応しにくいのです。

「学校でいじめられると困る」が「前提」になっていると、脳はいじめの情報に敏感に反応して受信するようになります。うちの子がいじめられたらどうしようと不安になり、かえってそうした現実を引き寄せやすくなります。

心の奥にある「前提」によって、脳が必要だと判断する情報は違ってきます。現代のように情報が氾濫するなかで個々の情報に振り回されないようにするには、自分がどんな「前提」を持っているかを知っておくことが大切です。もし「自分はダメだ」が前提になっていることに気づいたら、自分に「ありがとう」、「私は素晴らしい」を唱えて「前提」をぜひ書き換えてください。

【コラム】ハッピー連鎖

ちょっとの幸せを大いに喜ぶ。声をあげて感情を出して喜ぶ。大事なのでもう一度、ちょっとの幸せを大いに喜ぶ。声をあげて感情を出して喜ぶ。

するとまた、ハッピーなことが起こります。ハッピー連鎖を起こすには、

小さな幸せを大いに喜び、感謝をすることです。するとまた幸せが、もう少し大きな形で向こうからやってきます。そうして幸せの連鎖が続くようになるのです。
病気も一緒で、ちょっと良くなったら「きゃ、痛みが減った。嬉しい。とっても嬉しい。もっと良くなるぞ」と大いに喜ぶことです。すると、喜びの周波数が次につながっていきます。
皆さんも、今の自分にとってハッピーなものを探してみてください。なにもないと思う場合は、この本に出会えたことだっていいことだと思いませんか。あるいは、食べ物に困らないことだっていい

ですよ。アフリカなどでは、ご飯を食べられず栄養失調になっている人がいます。そんななかで、食べ物に不自由しないだけでもハッピーだと思いませんか。

今病気だとしても、どんなに小さくてもできることを探してみてください。それはハッピーだ、ありがたいと喜んでいたら、その周波数が次につながっていきますよ。

さあ、次は何を喜ぼうとドキドキしながら過ごしていると、もっと喜ぶことが連鎖して起こってくるでしょう。

5章

瞑想すると普段気づいていない感情に気づく

〝いい人〟について瞑想すると

瞑想をすると、普段気づいていない感情に気づくことがあります。ある瞑想セミナーで〝いい人〟をテーマに参加者全員で瞑想をしたことがあります。その後、どんな気づきがあったか報告してもらいました。

○いい人は疲れる

性格が悪いので、それを隠すために、いい人でいようとする。人目を気にしているからストレスが溜まるし疲れる。病気になることもある。いい人は疲れるからやる必要はない。

○いい人でいたいのは認められたいから

いい人でいなきゃいけないのは、ダメな自分でも認めてほしいという思いの裏返しだと気づいた。

○いい人でいると、楽しさより正しさで判断

いい人でいるにはこうあるべきと思ってしまうと、楽しさより正しさで判断してしまう。だから、人生がドンドンつらくなる。楽しさで生きたら、もっと人生は楽なんだろうと思った。楽しさを優先するように心がけよう。

○私の周りは敵だらけだ

子どものときから、周りは敵だらけだと思っていた。親も自分の敵だと思って生きてきた。だけど、そういう自分に気づかれないように、いい人を演じていた。そうしていると疲れるので、結局、人間関係がうまくいかなかった。

人によって態度を変えて、弱い人はいじめていたことに気づき反省した。

○いい人でいたいと思うほど空回りする

本当にいい人は、いい人でいようとは思っていない。自然体だと思う。私は「いい人」と思われたいのであって、実際はいい人ではない。人の不幸を見てひそかに喜んでいる自分がいる。本当にいい人なら、こんな腹黒いことは思わないと気づいた。

妹の美穂がいい人について瞑想していると、「いい人でいたいは偽善だ。自分を飾るために自分の心に嘘をついていることを知っているから、自分は素晴らしいなどと思ってなんかいない。自信がないからいい人でいようとしているだけ。だから、いい人でいたいと思えば思うほど悪循環になる」というメッセージが来たといいます。

美穂はお義母さんにも「それは違います」とはっきり言って、かわいくない嫁だと何度も言われてきたそうですが、「いい嫁も演じなかったので楽だよ。衝突もするけど、気にしないの」とあっけらかんとしています。義母を泣かせたこともあるらしいんです。強いですね。

「思いやり」について瞑想すると

次に、「思いやり」についてみんなで瞑想してみました。どんな気づきがあったか聞いてみると、「思いやり」には義務感から来るものと、自然に出てくるものがあることがわかってきました。

　ある方は、子どものころ親に「思いやりを持ちなさい」と言われ、人に優しく接するように振る舞っていたけれど、親の顔がちらつくので義務感で優しい振りをしていたことに気づいたといいます。「あれ、私って思いやりがあると思っていたけど、実は全然ないってこと?」。50年生きてきて、やっと気がついたと言いながら号泣していました。

　他にも、いろんな気づきがありました。

「思いやりとは、相手の立場に立てること。優しいだけじゃない」

「思いやりとは、相手を気遣う心遣い。自分は思いやりがあるほうだけど、それは相手が心配だから、心配のエネルギーを送ってしまっている。そうじゃなくて、相手を信頼してあげる思いやりならもっと良い」

「自分がやってほしいことを人にやってあげること。自分に優しくしてあげると自然に思いやりを持てるようになる」

「自分にゆとりがなくなると、思いやりが持てなくなる。そうすると悪循環のループにはまるから、そういうときこそ『ありがとう』を唱えて、悪循環のループを断ち切ると良い」

「思いやりは、まだ足りていない。劣等感があると心に余裕がないから、思いやりが持てなくなる。劣等感が取れてきたらもっと思いやりが持てる。本当にそうだと気づいたので、これからは散歩したり、きれいな景色を見たりして、もっと余裕を持つように心がけようと思う」

「思いやりと愛はつながっている。愛の気持ちがないと自分が疲弊し、結局、思いやりが持てなくなるし、運気も下がる。もっと自分を大切にし、自分を愛そうと思う」

「愛と思いやりと感謝はつながっている。これらのバランスが崩れると、心が乱れ、病気にもなる。この気づきを心にとめて生きていきたい」

「ゆとりがなくなると、視野が狭くなり、不安や不平、不満が出てくる。思いやりもなくなる。皆が今の10倍の思いやりを持ったら世界が変わる。この気づきを心にとめて、思いやりのある人生を生きたい」

「心が満たされていないときは思いやりが下がる。愛が不足すると病気になることに気づいた」

「今の10倍思いやりを持ったら、自分も皆も輝き幸せになるし満たされると気づいた。この気づきを大事にしたい」

「思いやりが大きくなるほど人間関係が豊かになり、お金もついてくる。この気づきを大事にしていれば、もっと運も上がると思う」

「10倍思いやりを持ったら、お金、健康、人間関係、人の応援などが次々と手に入ってくるという気づきがあった」

「思いやりを持つほど笑顔になるし、人生が楽しくなることに気づいた」

……

瞑想はちょっと練習をするだけで、こういう気づきをもらえるようになります。

私は瞑想セミナーの準備として何を話そうと考えることは一切しませんが、その場で必要な言葉が降りてくるので、そのまま伝えるようにしています。

瞑想を行うといろんな気づきを得られますが、ここでひとつ大事なことがあります。せっかく気づきがあっても、そのままにしていると幸せは舞い込んできません。それをヒントにして、自分の前提を書き換えていくことです。

たとえば、「思いやり」をテーマに瞑想したあとは、自分に「ありがとう」、「私は素晴らしい」といっしょに、「今の10倍思いやりを持つ決断をします」をくり返し唱えるといいですよ。前提が書き換わり、自然に思いやりのある言葉が出たり、行動したりするようになります。

瞑想をしていない方も「今の10倍思いやりを持つ決断をします」と唱えて運気を上げてみてくださいね。

プチ瞑想を体験する

私の瞑想セミナーは5時間から10時間かけて行うことが多いですのですが、いい人をやめて楽に生きるプチ瞑想を体験していただくために、ここにある二次元コードをクリックしてみてください。10分程度の音源を聞きながらプチ瞑想を体験していただくことができます。

https://healingroomai.com/books/iihito

一般に瞑想というと難しいイメージを持っている方が多いですが、頭で理解するものではなく、体験を重ねて身につくものです。

私が行っている瞑想は誘導瞑想が多いのですが、座って精神を集中し心と体をリラックスして行うものです。

心を静めて自分の内側に意識を向けていきます。意識がより深く内側に向かうにつれて、より制限のない自由な意識状態を体験するようになり、幸福感が増していきます。

継続していると、ストレスの減少や内面の強化が期待できます。自分の変化を実感でき、対人関係のあり方もガラリと変わってきます。日常生活のさまざまな問題も瞑想の力を使って解決することができます。

私の瞑想体験を紹介します。

香港にピンクイルカを見に行ったときのことです。事前に、野生の動物ですから、会えないこともあるが、料金は返金しませんと案内されました。そこで事前に瞑想して「ピンクイルカさん、私に会いに来てね」と伝えておくと、たくさん現れました。ガイドさんが「こんなに来るのは珍しい」と驚いていました。

もうひとつ、トルコのカッパドキアで気球に乗ったときのことです。事前に瞑想で、気球から日の出が見える情景をイメージしました。実際は前日、雨が降り、気球に乗ることさえ難しいかもしれないと言われましたが、当日は晴れて綺麗な日の出を見ることができました。

こんなこともありました。クアラルンプール郊外でタクシーをチャーターし、蛍を見に行ったときのことです。タクシーに乗っている間中ずっと雨が降っていて「蛍はいないかもしれないよ」と運転手に言われましたが、「蛍さん、たくさん来てね。光ってね」と瞑想をしていたら、雨がやんで蛍がたくさんキラキラ光って、とても綺麗でした。

旅行での瞑想体験について書きましたが、もちろん、瞑想はいろんな場面で力になってくれます。

「自分は病気だから、もうじき死ぬ。すでに12年も病気なんだ。いつ死んでもおかしくない。早く死にたい」が口癖だった方がいます。この方に瞑想で、「生きてみようよ」と伝えましたが、最初は後ろを向いていました。それでも根気よく瞑想を続けると、「あなたがそういうなら頑張るわ」と言っているイメージが湧きました。

翌日、実際に会って「頑張ろうよ」と話すと、「あなたがそう言うなら頑張るわ」と瞑想で浮かんだのと同じことを言ったのです。その後も毎日瞑想して励ま

すと、薄紙をはぐように変わっていきました。医師が驚いていたそうです。それから15年、この方は杖があれば普通に歩けるぐらい元気で過ごしています。

　このように、瞑想で会話をすると、実際に会って話すよりも話を聞いてくれることがあります。たとえば、友人にお金を貸し、何度催促しても何年も返してくれないという方が、瞑想でその友人に話しかけていたら「遅くなってごめん」と謝っているイメージが湧いたそうです。それから数日後、本当に返しに来たそうです。

　こんな楽しい話もあります。瞑想でルビーの指輪が欲しいと夫に頼んでいると、夫の笑顔が浮かびました。これはいけるかもと思っていたら、誕生日に想像していとおりの指輪を夫が買ってくれたそうです。

末期ガンで手術を受け、病院を退院して抗ガン剤の投与を続けても効果がなかったという女性は、死を待つだけの病院に見切りをつけて瞑想しながら毎日、イメージで体に白い光を当てていました。体のあちこちにあるガン細胞は真っ黒で、あまりに多いため面倒になり、一つにしちゃえと思ったら一つになったように見えたそうです。本当かどうかＣＴ検査を受けると、たしかに一つになっていたというのです。

これでガンは消えると確信したので、さらに毎日白い光を当てていると完全に消えていたそうです。

瞑想にイメージを使うと、さらに効果的です。こう説明しますと、「私にはイメージ力がありません」とおっしゃる方がいます。そんなときは、「イメージはアバウトで構いません。うまい下手も関係ありません。自由に楽しくイメージすれば、どんどんイメージが湧いてくるようになります」と答えています。

前提を書き換えるために効果的な言葉

前提を書き換えるためには、どんな言葉を唱えればいいかと聞かれることがよくあります。それは、どんな前提を抱えているかによりますが、誰でも前提を書き換えるのに有効な言葉があります。それが、自分に「ありがとう」と「私は素晴らしい」です。「自分はダメだ」が前提になっている人がとても多いからです。

すでにお話ししましたが、自分に「ありがとう」を唱えているのに、変化を感じられないという方もいます。調べていくと、いい人でいようとしている方ほど、そういう傾向があることがわかったのです。

いい人でいたいと思う人の「前提」は、「自分はダメだ」であることはすでにお話ししました。その「前提」を書き換えるには、自分に「ありがとう」と「私は素晴らしい」という言葉がとても効果的なのです。

そのほかにも、たくさんの方に実験していただき、書き換え効果を確認できた言葉がありますが、なかでも反応が多かった言葉を紹介します。

すでに本書でお伝えしてきたのは「○○（自分の名前）は、いい人をやめると決断します。○○（自分の名前）さん、ありがとう。私はありのままで素晴らしい」と唱えることですが、さらに次の言葉を加えて、試してみてください。

「私は赦されている、愛されている。だから自然体で大丈夫。ありのままで○○（名前）は素晴らしい。それを認めます」

もし「愛されている」と唱えるのはストレートすぎて抵抗があると思われるなら、「宇宙に愛されている」とか「神様に愛されている」「大自然に愛されている」でも構いません。

くり返し唱えていて、自分らしく人生を楽しめばいい、誰のためではなく自分のために楽しく生きようと思えるようになってきたら、まちがいなく、これまでのネガティブな前提が変わってきています。

実際にやってみた方たちからは、変化が実感できたという素敵な感想がたくさん寄せられています。そのなかからいくつか紹介します。

☆唱えていたら涙が止まらなくなった

「○○（自分の名前）は、いい人をやめると決断します。○○（自分の名前）さん、ありがとう。私はありのままで素晴らしい。私は赦されている、愛されている。だから自然体で大丈夫。それを認めます」

この言葉を唱えた瞬間、涙が流れて止まらなくなりました。どうしようもなく涙が出てくるのです。

これまでは自分は自然体なほうだと思っていたので、心の奥にある前提には無自覚でした。ところが言葉を唱えていると、「いい子ね、かわいいね」と母からよく言われ、可愛がられていたことを思い出しました。私は両親から愛情を受けて、のびのびと幸せに育った感覚が強かったのです。

自分は割と素直に親の言うことを聞いていたほうですが、ちあ魔女の本（『自分の脳に「ありがとう」を唱えると不安脳・病気脳とさよならできる！』）に出会い、

「3歳、4歳の扁桃体にありがとう」を唱えていると、アレもダメ、コレもダメと注意されて泣いている自分がいたことに気づきました。もう親の言うことを聞くしかない私はダメな子だと思うと無気力になり、「私はダメだ」が心の奥に刷り込まれ、前提になっていたのです。

その自分をごまかすために、いい人でいようとしてきたのかもしれないと思いましたが、いまひとつピンときませんでした。ところが、くり返し唱えていると、いい人というより「いい子」でいたいという思いが心の奥底にあることに気がついたのです。

母からは「親の言うことをよく聞いて、いい子にしてね。ずっと素直に言うことを聞いてね」とよく言われていました。そのとおりにしていた私は、母にしてみれば育てやすかったのだと思います。

幼稚園のころ母から「言うことを聞かないなら、可愛がってあげない」と言われ、とても悲しかったことも思い出しました。小学校低学年のころにも「可愛がってあげない」と言われ、「ずるいよ！　そんなの！　なんでいつもそういうことを言うの？　言うことを聞かないと可愛がらないなんておどして！　ずるい！」と怒って訴えたことがあったことも思い出しました。そのときの母は大笑いして、ごめんねと言って抱きしめてくれましたが。

自分が子育てをするようになって、親の言うことを聞いていれば〝いい子〟って、なんか変じゃない？　と思ったことがありますが、そのときはそれ以上深く考えませんでした。

でも、「○○（自分の名前）は、いい人をやめると決断します。○○（自分の名前）さん、ありがとう。私はありのままで素晴らしい」と唱えているうちに、〝いい子〟〝いい人〟でいようとしてきた前提には「自分はダメだ」があったことに気がつきました。

それからは、もっとはっきり「母が望んだいい子をやめる決断をします」と唱えることにしました。唱えるたびに涙が出ましたが、とてもスッキリしました。

今はありのままの自分でいるほうが楽で、楽しく子育てができそうです。

☆「いい子」でいることがプレッシャーになっていた

「○○（自分の名前）は、いい人をやめると決断します。○○（自分の名前）さん、ありがとう。私はありのままで素晴らしい。私は赦されている、愛されている。だから自然体で大丈夫。それを認めます」

と毎日唱えているうちに、あることを思い出しました。

わが家は私が幼少のころ、母親と父親は共働きだったので、家で一人待っていることが多かったのです。

心配したおばあちゃんやおじいちゃんから「いい子にして待っているんだよ」と電話がちょくちょくかかってきました。この「いい子」がプレッシャーになり、いつも「いい子」にしないといけないと思っていた自分がいたことに気づきました。

さらに続けて毎日唱えていると、大人になってからも、いい人でいなければと思い肩を張って生きていたのだと思いますが、その重荷が落ちて少し楽になった感じがしました。

　以前のように何事にも気負わなくなり、ありのままの自分でいい、自然体でいいと思えるようになって、とても楽になりました。

☆前提が変わったら自分の気持ちを正直に言えるようになった！

ちあ魔女から教えてもらった言葉をくり返し唱えていたら、私は若いころ、周りにどう思われているんだろう？　悪く思われていないかな？　嫌われていないかな？　と、いつも気にしていたことに気がつきました。

母は仕事をしていたので、私は祖母に育てられましたが、家では嫁姑戦争が激しく、おばあちゃん子だった私は、いつもイライラしている母が苦手で反抗的な態度を取っていました。

だから自分が「いい子」でいないと家族が平和にならないという思いが強くなったのだと思います。そして大人になってからはそのまま、いい人でいたいと思うようになりました。

そのころは家族に反抗的な態度をとっていましたが、他人にはいい人でいようと頑張っていました。子どものころから安心できる場所がなく、自信がなくて不安だったので、余計、いい人でいるしか安心できなくなっていたのかもしれません。唱えていると、どうしようもなく涙が出てきて、小さいころの傷がまだまだ癒えていないんだと思ったこともあります。

結婚してからは、義母にかなり構えて接してきました。ところが、くり返し唱えていたら、かなり自然体で接することができるようになりました。義父が亡くなった直後、義母がちょくちょくわが家に顔を出すようになりましたが、そんなときも自然体でいればいいと決めることができました。

同居の話が持ち上がったときも、自分の正直な気持ちを言いました。結局、同居はしないことになりました。以前なら、自分の意見を言えず、うつうつしていたでしょうが、ありのままの自分で素晴らしいと思えるようになった分、正直に言えたのだと思います。今は、義母とも良い関係でいられることに感謝しています。

☆前提を書き換えないと自分は変わらないことに気づいた！

ちあ魔女から教えてもらった言葉を唱えていると、今までの私は、いい人でいたいという気持ちが強くて、必要以上に相手に気を使っていたこと、そのために自分の考えを言えなくなっていたことに気がつきました。

「自分はダメだ」という前提を書き換えないと、そんな自分は変わらないこともわかりました。

唱え続けていると今までより自分のことをはっきり言えるようになり、ストレスも減ってきました。仕事で嫌なことがあっても、気持ちの切り替えをしやすくなり、人は人、私は私、楽しくやっていこうと思えるようになってきています。

さらに「もっと楽しむ、もっと楽しむ。自然体だと楽しい未来が待っている」も唱えていると、楽しい未来が待っていると自然に思えてきて、気持ちがとても楽になります。毎日楽しく過ごせるようになっています。

☆「私は普通以下だ」が前提になっていることに気づいた！

「○○（自分の名前）さん、ありがとう。私はありのままで素晴らしい。私は赦されている、愛されている。だから自然体で大丈夫。それを認めます」と毎日くり返して唱えてみました。そうしたら、今まで気づいていなかったことが見えてきたのです。

私は無意識に、「普通のことが私にはできない」と思い込んでいたようです。それが大きな劣等感になっていました。たしかに、学生時代には私ほど、たくさん欠席する学生はいませんでした。

勤めてからも、職場の人たちは次年度へ有休をくり越せるくらい余らせているのに、私はほぼ病気で有休を取ってしまい、残りはほとんどありませんでした。

私の体はとても疲れやすく、風邪を引けば回復力が弱くて長引きます。周りの人は風邪を引いてもすぐ治るので、ほとんど休みません。それが普通なのに、私は普通以下だとずっと心の奥で思っていたことに気がつきました。

そこで、「自然体で、ありのままで、素晴らしい」も唱えてみました。すると、あるとき「人生は喜び」という言葉が心の奥から湧いてきて胸が温かくなったのです。

これまで、どんな前提で生きてきたのかわかりました。それを書き換えるために、これからも唱え続けてみます。きっと明るい未来が待っていそうな気がしています。

☆いい人をやめると気持ちに余裕ができた！

ちあ魔女が教えてくれた言葉を本気で唱えてみようと決めて、毎日続けてみました。正直、最初は半信半疑でしたが、人目を気にして不安だった気持ちが薄らぎ、心に余裕が出てきました。人に対して優しく接することができるようになった気もします。相手を批判したくなっても、自分が裁かなくても宇宙が裁いてくれるだろうと思えて、赦せる気持ちが増えた気もします。

以前は、いい人をやめたら悪い人になるという気持ちが強かったのですが、そうではなくて、相手に対する愛情や思いやりが大事なんだと感じる自分がいることに気がつきました。無理をして好かれようとすることと親切にすることは、まったく違うことも実感できます。

今は職場の人間関係が数段良くなり、連絡してすぐ返答がない相手でもゆったりとメールのやりとりができます。自然体でいるほうがはるかに楽です。

☆前提が変わってとても楽になった！

くり返し唱えていると、小さいころから人の目をとても気にしていた自分がいたことに気づきました。きちんとしないといけない、人から変だと思われてはいけないと思ってきたのです。そのことに気づいて涙がとまりませんでした。

わが家は商売をしていて、学生時代はみんなの前で先生から「～の娘」と言われることがよくありました。私は、それがとても嫌だったのですが、父親にはそのことは一切言わず、ひとりで我慢をしていたことも思い出しました。

目立ってはいけない、いい子でいないと冷やかされるという思いが強かったのです。それは「自分はダメだ」が前提になっていたからだと納得できました。唱え続けていると、そんな前提が少しずつ書き換えられていくのを感じました。そして今の私は、いい人でいなくてもいい、ありのままの自分でいいと心から思える自分がいます。生きることがとても楽になりました。

☆自分を大切にしてこなかったことに気づいた！

とくに「いい人をやめると決断します」と唱えることに、とても抵抗がありました。私は性格が悪いから、ありのままの自分を見せたら嫌われるかもしれない。だから、いい人でいないと自分の居場所がなくなると思い込んできたからです。でも、そんなふうにいい人でいようとするほど人間関係がうまくいかず、苦しくなっていることはどこかで感じていました。これ以上、今の私のままでいるのは苦しすぎると思い、「いい人をやめると決断します」と唱えてみることにしました。

しばらく唱えてから、さらに「私は赦されている、愛されている、だから自然体で大丈夫」もいっしょに唱えました。すると「愛されている」を唱えるたびに涙が出そうになり、ありのままの自分でいいんだという気持ちがあふれてきたのです。

さらに唱え続けていると、職場の人間関係が変わってきていることに気づきました。相手とうまく気持ちのやり取りができていて、以前のように変な気を使わなくすみます。自然に話すことができ、自然体でいることができていました。とても楽です。

あるとき、苦手な人の名前を言って「ありがとう」を唱えてみました。それは、家族の名前です。しばらく続けていると、子どものころ、夕飯時に父親と祖母が喧嘩をしていたことを思い出しました。

私がいい人でいたいと思うようになったのは、そういう争い事を避けようとするためでした。

そのために、自分の意見は正直に言わない、自分が我慢すればいい、そう思い込むようになっていたのです。何より自分を大切にしていなかったことに気がつきました。

それからは、「もっと楽しむ、もっと楽しむ」も唱えることにしました。心の奥には「楽しんでいいの？」という思いがありましたが、続けて唱えていたら、楽しみたいと思う自分のほうが自然だと素直に思えたのです。

ものすごく心が軽くなりました。

これまでの前提が変わったことで、今は自然体でいるのが楽だし、もっと楽しい未来が待っていると思ってワクワクしています。

いろんな言葉を唱えてみましょう！

本書で紹介した言葉のほかに、以下の言葉を参考に、自分に合った言葉を見つけて唱えてみてください。


「私の人生は私のもの。誰のものでもない、だから人生を楽しみます」

「私はありのままで素晴らしい、もっと楽しむ、もっと楽しむ。自然体だと楽しい未来が待っている」

「私は逃げずに自分と向き合い、ありのままの自分を愛します」

「私は醜いところも、意地悪なところも、うそをつくところも、すべて認めます」

「私は自分と向き合います。ありのままで私は素晴らしい」

「私は、人生を楽しみます。見栄も世間体もどうでもいいです」

「私は父（母）のために生きているわけじゃない。父（母）を見返す必要もない。

私の人生は私のもの、父（母）のために生きているわけじゃない。私は自然体で楽しく生きていきます」

「私は◯◯（気になる人や物事）に対する隠れ憎しみを癒す決断をします」

一カ月ごとに唱える言葉を変えてみる

【一カ月目】

「○○（自分の名前）は、いい人をやめると決断します。○○（自分の名前）さん、ありがとう。私はありのままで素晴らしい」を唱えます。

【二カ月目】

「私は自然体で、もっと楽しむ、もっと楽しむ。楽しい未来が待っています。自然体で私らしく楽しむ人生を選びます。逃げずに自分と向き合い、ありのままの自分を愛します。醜いところも、意地悪な私も、うそをつくところも認めます。ありのままで私は素晴らしい」

【三カ月目】

「私は母に対する隠れ憎しみを癒す決断をします。

私は父に対する隠れ憎しみを癒す決断をします。

私は兄弟に対する隠れ憎しみを癒す決断をします。

私は親戚に対する隠れ憎しみを癒す決断をします。

私は教師（学生時代）に対する隠れ憎しみを癒す決断をします。

私は友人に対する隠れ憎しみを癒す決断をします。

私は上司、同僚に対する隠れ憎しみを癒す決断をします」

（そのほか、必要だと思う人に対して唱えてもいいです）

唱え続けていると、憎しみが消え、自分でも気づかなかった負の感情が癒されていきますよ。

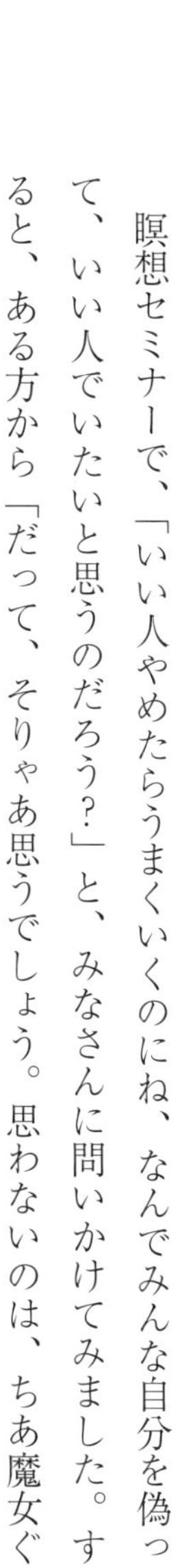

あとがき

瞑想セミナーで、「いい人やめたらうまくいくのにね、なんでみんな自分を偽って、いい人でいたいと思うのだろう?」と、みなさんに問いかけてみました。すると、ある方から「だって、そりゃあ思うでしょう。思わないのは、ちあ魔女ぐらいなもんだよ、どうして思わないんですか?」と聞かれました。

「いい人でいようとすると、自分をごまかすことになるし、嘘で固めることとなる。結局、自分で自分を苦しめることになる。私はつらい人生嫌いだから、ありのままでいるようにしているの」と話しながら、このことを本で伝えたいと思ったのです。それが本書です。

自然体が一番です。かっこつけるのも、見栄を張るのもいったん横に置いて、できるかぎり自然体でいるようにします。自分に「あなたはあなたのままでいい」と言って自分を抱きしめてあげるのもいいですよ。

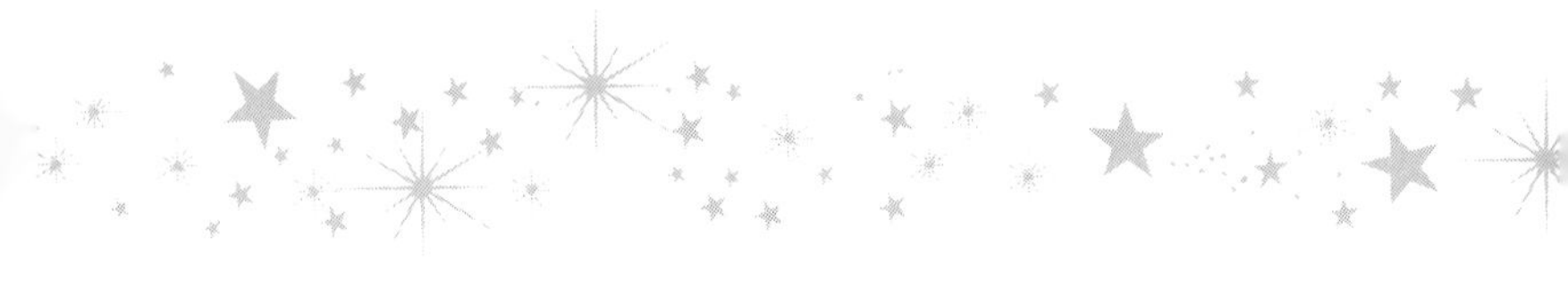

もちろん、100%自然体でいるのは難しいと思います。とくに、仕事をしているようなときは難しいかもしれません。それでも、仕事を離れたときくらいは自然体でいるよう心掛けるといいですよ。そういう時間を作っていきましょう。もっと楽に生きられるようになると思います。

それに、自然体でいる状態が増えるほど「ありのままで大丈夫。ありのままの自分でいい」と思えるようになってきます。自分はダメって決めつけて、自分で自分の運を落としてしまうのはもったいないですよね。

本文で紹介した言葉をたくさん唱えてみてください。毎日5分と決めて続けてもいいですよ。きっと、もっと楽に生きられるようになると思います。

最後に、この言葉をプレゼントします。良ければ、これも唱えてみて自分の変化を楽しんでください。

「本当の自分は、悦びである。

もっと悦んでいい、楽しんでいい。

自分を傷つけることはない。

飾らなくて、ありのままで大丈夫。
赦されている。
愛されている。
自分の素晴らしさに気づけたら誰でも変われる。
気づいてください、私たちは誰もが素晴らしい存在であることを。
誰一人、不要な人間などいないということを。
私たちは例外なく、誰もが素晴らしい存在だよ」

「いい人」をやめて自分に「ありがとう」を唱えると
もっと楽に生きられる

2023年12月18日　第1刷発行

著　者――――愛場千晶

発行人――――山崎 優

発行所――――コスモ21
〒171-0021　東京都豊島区西池袋2-39-6-8F
☎03(3988)3911
FAX03(3988)7062
URL https://www.cos21.com

印刷・製本――中央精版印刷株式会社

定価はカバーに表示してあります。

ISBN978-4-87795-431-4 C0030